JN126222

令和５年　特許法等の一部改正

産業財産権法の解説

特許庁総務部総務課
制　度　審　議　室　編

発明推進協会

はしがき

知的財産の分野におけるデジタル化や国際化の更なる進展等の環境変化を踏まえ、スタートアップ・中小企業等による知的財産を活用した新規事業展開を後押しする等、時代の要請に対応した知的財産制度の見直しが必要とされています。

今般の改正では、デジタル技術の活用により、特にスタートアップ・中小企業の事業活動が多様化していること等に対応するため、ブランド・デザイン等の保護強化、コロナ禍・デジタル化に対応した知的財産手続等の整備等の観点から、産業財産権制度の見直しを行いました。

今般の特許法、実用新案法、意匠法、商標法、工業所有権に関する手続等の特例に関する法律の改正は、不正競争防止法の改正と関連の深いものであることから、これらの法律を併せて改正することとされ、「不正競争防止法等の一部を改正する法律案」として令和５年３月10日に第211回通常国会に提出されました。同法案は、国会での審議を経て同年６月７日に成立し、６月14日に令和５年法律第51号として公布されています。

本書は、産業構造審議会知的財産分科会特許制度小委員会、意匠制度小委員会、商標制度小委員会及び財政点検小委員会における審議、立案過程における議論等を踏まえ、改正の趣旨、内容、ポイントを平易に解説したものです。

本改正作業に際しては、特許庁政策推進懇談会の座長である髙部眞規子 西村あさひ法律事務所弁護士、産業構造審議会知的財産分科会特許制度小委員会の委員長である玉井克哉 東京大学先端科学技術研究センター教授・

信州大学経法学部教授、同分科会意匠制度小委員会・商標制度小委員会の委員長である田村善之 東京大学大学院法学政治学研究科教授、同分科会財政点検小委員会の委員長である小林麻理 早稲田大学政治経済学術院教授を始めとする各委員及び特許庁内外の多数の方々から、多大な御指導、御助言をいただきました。この場をお借りして厚く御礼申し上げる次第です。

本書が、新制度について多くの方々に理解され、その運用がより円滑になされることの一助になれば幸いです。

令和６年２月

特許庁 前制度審議室長

松　本　　将　明

凡　　例

最高裁判所判決…最判
知的財産高等裁判所判決…知財高判

千九百年十二月十四日にブラッセルで、千九百十一年六月二日にワシントンで、千九百二十五年十一月六日にヘーグで、千九百三十四年六月二日にロンドンで、千九百五十八年十月三十一日にリスボンで及び千九百六十七年七月十四日にストックホルムで改正された工業所有権の保護に関する千八百八十三年三月二十日のパリ条約…パリ条約

不正競争防止法等の一部を改正する法律（令和５年法律第51号）…改正法

目　次

序　　章

1．制度改正の概要

(1) デジタル化に伴う事業活動の多様化を踏まえたブランド・デザイン等の保護強化

デジタル技術の活用により、特にスタートアップ・中小企業の事業活動が多様化していることに対応し、ブランド・デザイン等の保護を強化した。他人が既に登録を受けている商標と類似する商標について、先に登録を受けた商標権者の同意があり、商品等の出所について混同するおそれがない場合には登録可能とする、いわゆるコンセント制度を導入するとともに、他人の氏名を含む商標に係る登録拒絶要件の見直しを行った。

また、SNSやクラウドファンディングの活用等の公開態様の多様化、複雑化を踏まえ、意匠の新規性喪失の例外規定の適用手続の要件を緩和した。くわえて、裁定における営業秘密を含む書類の閲覧制限の措置を講じた。

(2) コロナ禍・デジタル化に対応した知的財産手続等の整備

コロナ禍等を契機として生じた影響による国際郵便引受停止等を踏まえ、公示送達の見直しを行った。

また、オンライン送達制度の見直し、優先権証明書のオンライン提出のための規定整備、書面手続のデジタル化（申請）のための改正、e-Filingによる商標の国際登録出願の手数料納付方法の見直し、出願審査請求料の減免制度の見直しを行った。

２．法改正の経緯

上記措置を法制化すべく、特許庁政策推進懇談会並びに産業構造審議会知的財産分科会の下に設置された特許制度小委員会、意匠制度小委員会、商標制度小委員会及び財政点検小委員会において検討が行われた。

令和４年６月に、特許庁政策推進懇談会において報告書「知財活用促進に向けた知的財産制度の在り方～とりまとめ～」、令和５年３月に、特許制度小委員会において報告書「知財活用促進に向けた特許制度の在り方」、意匠制度小委員会において報告書「新規性喪失の例外適用手続に関する意匠制度の見直しについて」、商標制度小委員会において報告書「商標を活用したブランド戦略展開に向けた商標制度の見直しについて」が取りまとめられた。

今般の特許法、実用新案法、意匠法、商標法、工業所有権に関する手続等の特例に関する法律の改正は、上述の各小委員会における審議や報告書の内容に基づくものであるが、商標のコンセント制度の導入に関連して、不正競争防止法（平成５年法律第47号）において、コンセント制度により登録された商標について、不正の目的でなくその商標を使用する行為等を不正競争として扱わないこととしたこと等から、不正競争防止法の改正と併せて改正することとされ、「不正競争防止法等の一部を改正する法律案」は、令和５年３月10日に閣議決定後、同日に第211回通常国会に提出された。同法案は、同年５月12日の衆議院経済産業委員会における提案理由説明、５月17日の質疑及び採決を経て、５月18日の衆議院本会議において可決、また、６月１日の参議院経済産業委員会における提案理由説明、６月６日の質疑及び採決を経て、６月７日の参議院本会議において可決・成立し、６月14日に「令和５年法律第51号」として公布された。

【不正競争防止法等の一部を改正する法律の成立・施行まで】
＜特許庁政策推進懇談会＞
報告書の公表　令和４年６月30日（木）
　知財活用促進に向けた知的財産制度の在り方～とりまとめ～

＜産業構造審議会知的財産分科会特許制度小委員会＞
第47回小委員会　令和４年９月26日（月）
　(1)　当面の検討課題について
　(2)　一事不再理の考え方の見直しについて
　(3)　送達制度の見直しについて
　(4)　書面手続のデジタル化について
第48回小委員会　令和４年11月21日（月）
　(1)　裁定関係書類の閲覧制限について
　(2)　ライセンス促進策について
第49回小委員会　令和４年12月19日（月）
　報告書案の提示
報告書の公表　令和５年３月10日（金）
　知財活用促進に向けた特許制度の在り方

＜産業構造審議会知的財産分科会意匠制度小委員会＞
第13回小委員会　令和４年９月９日（金）
　(1)　当面の検討課題について
　(2)　意匠の新規性喪失の例外適用手続について
第14回小委員会　令和４年11月２日（水）
　(1)　意匠の新規性喪失の例外適用手続について
　(2)　送達制度の見直しについて
　(3)　書面手続のデジタル化について

第15回小委員会　令和４年12月７日（水）
⑴　裁定関係書類の閲覧制限について
⑵　報告書案の提示
報告書の公表　令和５年３月10日（金）
新規性喪失の例外適用手続に関する意匠制度の見直しについて

＜産業構造審議会知的財産分科会商標制度小委員会＞
第９回小委員会　令和４年９月29日（木）
⑴　商標審査の現状について
⑵　当面の検討課題について
⑶　他人の氏名を含む商標の登録要件緩和について
⑷　コンセント制度の導入について
⑸　Madrid e-Filingにより商標の国際出願をする際の本国官庁手数料の納付方法の変更について
第10回小委員会　令和４年11月22日（火）
⑴　他人の氏名を含む商標の登録要件緩和について
⑵　コンセント制度の導入について
⑶　送達制度の見直しについて
⑷　書面手続のデジタル化について
第11回小委員会　令和４年12月23日（金）
報告書案の提示
報告書の公表　令和５年３月10日（金）
商標を活用したブランド戦略展開に向けた商標制度の見直しについて

＜産業構造審議会知的財産分科会財政点検小委員会＞
第４回小委員会　令和４年５月９日（月）
中小減免制度の見直しについて
第５回小委員会　令和４年11月28日（月）

⑴　中小減免制度の見直しについて

⑵　審判関係料金の見直しについて

<報告書の取りまとめから公布まで>

令和５年

３月10日　産業構造審議会知的財産分科会特許制度小委員会報告書「知財活用促進に向けた特許制度の在り方」取りまとめ

３月10日　産業構造審議会知的財産分科会意匠制度小委員会報告書「新規性喪失の例外適用手続に関する意匠制度の見直しについて」取りまとめ

３月10日　産業構造審議会知的財産分科会商標制度小委員会報告書「商標を活用したブランド戦略展開に向けた商標制度の見直しについて」取りまとめ

３月10日　「不正競争防止法等の一部を改正する法律案」閣議決定

３月10日　同法案第211回通常国会　提出

５月12日　衆議院経済産業委員会　提案理由説明

５月17日　衆議院経済産業委員会　質疑・採決

５月18日　衆議院本会議　可決

６月１日　参議院経済産業委員会　提案理由説明

６月６日　参議院経済産業委員会　質疑・採決

６月７日　参議院本会議　可決・成立

６月14日　公布（令和５年法律第51号）

<施行>

○公布の日から起算して１年を超えない範囲内において政令で定める日（令和６年４月１日）【改正法附則第１条本文関係】

・出願審査請求料の減免制度の見直し

・他人の氏名を含む商標に係る登録拒絶要件の見直し

・商標におけるコンセント制度の導入

○公布の日から起算して３月を超えない範囲内において政令で定める日（令和５年７月３日）【改正法附則第１条第１号関係】

・裁定における営業秘密を含む書類の閲覧制限

・国際郵便引受停止等に伴う公示送達の見直し

○公布の日から起算して９月を超えない範囲内において政令で定める日（令和６年１月１日）【改正法附則第１条第２号関係】

・優先権証明書のオンライン提出のための規定整備

・意匠登録手続の要件緩和

・e-Filingによる商標の国際登録出願の手数料納付方法の見直し

・意匠の新規性喪失の例外規定の適用手続の要件緩和

○公布の日から起算して３年を超えない範囲内において政令で定める日【改正法附則第１条第３号関係】

・オンライン送達制度の見直し

第1章　優先権証明書のオンライン提出のための規定整備

1．法改正の必要性

(1)　従来の制度

①　優先権制度について

同一の発明等について複数の国において出願日を確保する場合には、明細書等の翻訳文の準備や国ごとに異なる手続を同時に行わなければならず、出願人にとって負担が大きい。このような出願人の負担を軽減するための制度として、パリ条約は優先権の制度を設けている（パリ条約第４条）。

パリ条約の優先権とは、同盟国の知的財産庁（以下「第一国政府」といい、政府間国際機関も含む。）において出願した者が、所定期間（特許及び実用新案：12か月、意匠及び商標：６か月）中に、その出願の出願書類の記載内容について、他の同盟国（第二国）に出願する場合に、第二国における出願の新規性・進歩性等の特許要件等の判断に関し、第一国政府への出願日に出願された場合と同様の取扱いを受ける権利である（パリ条約第４条B）。

②　優先権証明書の提出手続について

優先権制度を利用するためには、特許庁長官に、所定の期間（特許法第43条第２項各号に定める日のうち最先の日から１年４か月）内に、第一国政府の発行した優先権に係る証明書類（以下「優先権証明書」という[1]。）

1　優先権証明書とは、最初に出願をしたパリ条約同盟国の認証がある出願の年月日を記載した書面、その出願の際の書類で明細書、特許請求の範囲若しくは実用新案登録請求の範囲及び図面に相当するものの謄本又はこれらと同様な内容を有する公報若しくは証明書等であってその同盟国の政府が発行したものである（特許法第43条第２項）。

を提出しなければならない（同条第２項（実用新案法第11条第１項、意匠法第15条第１項及び第60条の10第２項並びに商標法第13条第１項において準用））。

優先権証明書の提出方法については、①書面による原本の提出を原則としつつ（特許法第43条第２項）、②世界知的所有権機関のデジタルアクセスサービス（以下「DAS」という。）等を利用した優先権証明書に記載されている事項（以下「優先権書類データ」という。）の電子的交換の利用も許容している（同条第５項[2]（実用新案法第11条第１項、意匠法第15条第１項において準用））[3]。

(2) 改正の必要性

日本国以外の第一国政府に出願をした後、パリ条約の優先権制度を利用して、日本国特許庁（第二国）に対して出願する際に必要な優先権証明書については、原本を書面により提出しなければならず（特許法第43条第２項）、デジタル化促進の障害となっている。具体的な課題は次のとおりである。

第一に、DAS等を利用する場合には、出願人が優先権書類データを電子的に交換するため、出願人は日本国特許庁に対し優先権証明書を提出する必要はないが、DASを利用できない場合、具体的には、第一国政府がDASに参加していない等の場合は、優先権証明書の原本書面を日本国特許庁に提出する必要がある。

第二に、近年、優先権証明書を電子的に提供する国が増加しているが、日本国特許庁に対しては、書面による優先権証明書の提出が必要であるこ

2　優先権書類データの電子的交換の利用については、優先権主張をした者が、優先権書類データの電子的交換をするために必要な事項を記載した書面を特許庁長官に提出したときは、特許法第43条第２項に規定する書類（優先権証明書）を提出したものとみなされる（特許法第43条第５項）。

3　優先権書類データの電子的交換を利用する方法として、世界知的所有権機関が提供するDASのほか、海外他庁との二庁間での電子的交換（二庁間PDX）が存在する。

とから、第一国政府が電子的に提供した優先権証明書を日本国特許庁に対し電子的に提出することができない。

２．改正の概要

第一国政府が書面により発行した優先権証明書を出願人側が電子化(PDF化)した優先権証明書の写しのオンライン提出を許容することとした。

また、第一国政府が電子的に提供した優先権証明書（PDF）のオンライン提出を許容することとした。この際、第一国の電子的な証明書が、日本国特許庁が対応可能な電子形式（PDF）でないことも考えられることから、出願人側でPDFに変換したもの（写し）の提出も許容することとした。

さらに、特許法条約第８条(1)では、「(d)締約国は、期間を遵守するための紙による書類の提出を認める」こととされているところ、優先権証明書の写しのオンライン提出を許容する場合には、書面による提出も許容する必要があるため、書面で発行された優先権証明書を複写したもの及び電子的に提供された優先権証明書を書面により出力したものの提出も許容することとした。

３．改正条文の解説

◆特許法第43条

（パリ条約による優先権主張の手続）
第四十三条　（略）
２　前項の規定による優先権の主張をした者は、最初に出願をし、若しくはパリ条約第四条C(4)の規定により最初の出願とみなされた出願をし、若しくは同条A(2)の規定により最初に出願をしたものと認められたパリ条約の同盟国の認証がある出願の年月日を記載した書面、その出願の際の書類で明細書、特許請求の範囲若しくは実用新案登録請求の範囲及び図面に相当するものの謄本若しくはこれらと同様の内容を有する公報若しくは証明書であつてその同盟国の政府が発行したもの（電磁的方法（電子的方法、磁気的方法その他人の知覚によつては認識することができない方法をいう。第五項及び第四十四条第四項において同じ。）により提供されたものを含む。）又はこれらの写し（以下この条において「優先権証明書類等」という。）を次の各号に掲げる日のうち最先の日から一年四月以内に特許庁長官に提出しなければならない。

一～三　（略）

3　第一項の規定による優先権の主張をした者は、最初の出願若しくはパリ条約第四条C⑷の規定により最初の出願とみなされた出願又は同条A⑵の規定により最初の出願と認められた出願の番号を記載した書面を優先権証明書類等とともに特許庁長官に提出しなければならない。ただし、優先権証明書類等の提出前にその番号を知ることができないときは、当該書面に代えてその理由を記載した書面を提出し、かつ、その番号を知つたときは、遅滞なく、その番号を記載した書面を提出しなければならない。

4　第一項の規定による優先権の主張をした者が第二項に規定する期間内に優先権証明書類等を提出しないときは、当該優先権の主張は、その効力を失う。

5　優先権証明書類等に記載されている事項を電磁的方法によりパリ条約の同盟国の政府又は工業所有権に関する国際機関との間で交換することができる場合として経済産業省令で定める場合において、第一項の規定による優先権の主張をした者が、第二項に規定する期間内に、出願の番号その他の当該事項を交換するために必要な事項として経済産業省令で定める事項を記載した書面を特許庁長官に提出したときは、前二項の規定の適用については、優先権証明書類等を提出したものとみなす。

6　特許庁長官は、第二項に規定する期間内に優先権証明書類等又は前項に規定する書面の提出がなかつたときは、第一項の規定による優先権の主張をした者に対し、その旨を通知しなければならない。
7　前項の規定による通知を受けた者は、経済産業省令で定める期間内に限り、優先権証明書類等又は第五項に規定する書面を特許庁長官に提出することができる。
8　第六項の規定による通知を受けた者がその責めに帰することができない理由により前項に規定する期間内に優先権証明書類等又は第五項に規定する書面を提出することができないときは、前項の規定にかかわらず、経済産業省令で定める期間内に、その優先権証明書類等又は書面を特許庁長官に提出することができる。
9　第七項又は前項の規定により優先権証明書類等又は第五項に規定する書面の提出があつたときは、第四項の規定は、適用しない。

優先権証明書の提出について規定する特許法第43条第２項[4]において、優先権証明書には、パリ条約同盟国の政府が電子的に提供したものを含むことを規定し、また、電子的に提供されたものをPDFに変換したもの又は書面により出力したもの等を許容すべく「これらの写し」も規定した上で、それらを含めて「優先権証明書類等」と定義し、これを提出すべきことを規定することとした。

あわせて、特許法第43条第３項から第９項までの規定における、同条第２項に規定する書類を引用する規定について、同条第３項から第９項までの規定においても電子的に提供された「優先権証明書類等」が含まれることを明確化するための改正を行うこととした。

4　実用新案法第11条第１項、意匠法第15条第１項、意匠法第60条の10第２項及び商標法第13条第１項にて準用している。

◆商標法第13条

（特許法の準用）

第十三条　特許法第四十三条第一項から第四項まで及び第七項から第九項まで並びに第四十三条の三第二項及び第三項の規定は、商標登録出願に準用する。この場合において、同法第四十三条第一項中「経済産業省令で定める期間内」とあるのは「商標登録出願と同時」と、同条第二項中「明細書、特許請求の範囲若しくは実用新案登録請求の範囲及び図面」とあるのは「商標登録を受けようとする商標及び指定商品又は指定役務を記載したもの」と、「次の各号に掲げる日のうち最先の日から一年四月」とあるのは「商標登録出願の日から三月」と、同条第七項中「前項の規定による通知を受けた者は」とあるのは「優先権証明書類等を提出する者は、第二項に規定する期間内に優先権証明書類等を提出することができないときは、その期間が経過した後であつても」と、「優先権証明書類等又は第五項に規定する書面」とあるのは「経済産業省令で定めるところにより、優先権証明書類等」と、同条第八項中「第六項の規定による通知を受けた者」とあるのは「優先権証明書類等を提出する者」と、「前項に規定する期間内に優先権証明書類等又は第五項に規定する書面」とあるのは「前項の経済産業省令で定める期間内に優先権証明書類等」と、「、前項」とあるのは「、同項」と、「その優先権証明書類等又は書面」とあるのは「その優先権証明書類等」と、同条第九項中「優先権証明書類等又は第五項に規定する書面」とあるのは「優先権証明書類等」と、同法第四十三条の三第二項中「又は世界貿易機関の加盟国」とあるのは「、世界貿易機関の加盟国又は商標法条約の締約国」と、「若しくは世界貿易機関の加盟国の国民」とあるのは「、世界貿易機関の加盟国の国民若しくは商標法条約の締約国の国民」と、同条第三項中「前二条」とあるのは「第四十三条」

と、「前二項」とあるのは「前項」と読み替えるものとする。
２　（略）

特許法第43条を準用し、読替規定を置いている商標法第13条について、当該読替規定につき、特許法第43条第３項から第４項まで及び第７項から第９項までと同趣旨の改正を行うこととした。

なお、実用新案法及び意匠法においてはそれぞれ実用新案法第11条第１項及び意匠法第15条第１項にて特許法の準用が図られているが、条文上の改正は生じていない。

◆特許法第44条

（特許出願の分割）
第四十四条　（略）
２・３　（略）
４　第一項に規定する新たな特許出願をする場合には、もとの特許出願について提出された書面又は書類（第四十三条第二項（第四十三条の二第二項（前条第三項において準用する場合を含む。以下この項において同じ。）及び前条第三項において準用する場合を含む。）の規定により提出された場合には、電磁的方法により提供されたものを含む。）であつて、新たな特許出願について第三十条第三項、第四十一条第四項又は第四十三条第一項及び第二項（これらの規定を第四十三条の二第二項及び前条第三項において準用する場合を含む。）の規定により提出しなければならないものは、当該新たな特許出願と同時に特許庁長官に提出されたものとみなす。
５～７　（略）

特許出願人は、二以上の発明を包含する特許出願を分割し、分割されたものを新たな特許出願とすることができる（特許法第44条第１項）。この新たな特許出願をする場合、分割前のもとの特許出願をする際に提出された書類は、新たな特許出願と同時に特許庁長官に提出されたとみなす（同条第４項）。そして、この書類には同法第43条第２項の書類が含まれるところ、同項を改正し書類だけでなく電磁的方法で提供されたものも提出可能となることから、第44条第４項において新たな特許出願と同時に特許庁長官に提出されたものとみなす書類にも、電磁的方法で提供されたものを含む旨、規定することとした。

◆実用新案法第10条

（出願の変更）
第十条　（略）
２～７　（略）
８　第一項に規定する出願の変更をする場合には、もとの特許出願について提出された書面又は書類（次条第一項において準用する特許法第四十三条第二項（次条第一項において準用する同法第四十三条の二第二項（次条第一項において準用する同法第四十三条の三第三項において準用する場合を含む。以下この項において同じ。）及び第四十三条の三第三項において準用する場合を含む。）の規定により提出された場合には、電磁的方法（電子的方法、磁気的方法その他人の知覚によつては認識することができない方法をいう。）により提供されたものを含む。）であつて、新たな実用新案登録出願について第八条第四項又は次条第一項において準用する同法第三十条第三項若しくは第四十三条第一項及び第二項（これらの規定を次条第一項において準用する同法第四十三条の二第二項及び第四十三条の三第三項において準用する場合を含む。）の規定により提出しなければならないものは、当該新たな実用新案登録出願と同時に特許庁長官に提出されたものとみなす。
９・10　（略）

特許法第44条と同趣旨の改正である。

◆意匠法第10条の２

（意匠登録出願の分割）
第十条の二　（略）
２　（略）
３　第一項に規定する新たな意匠登録出願をする場合には、もとの意匠登録出願について提出された書面又は書類（第十五条第一項において準用する特許法第四十三条第二項（第十五条第一項において準用する同法第四十三条の二第二項（第十五条第一項において準用する同法第四十三条の三第三項において準用する場合を含む。以下この項において同じ。）及び第四十三条の三第三項において準用する場合を含む。）の規定により提出された場合には、電磁的方法（電子的方法、磁気的方法その他人の知覚によつては認識することができない方法をいう。）により提供されたものを含む。）であつて、新たな意匠登録出願について第四条第三項又は第十五条第一項において準用する同法第四十三条第一項及び第二項（これらの規定を第十五条第一項において準用する同法第四十三条の二第二項及び第四十三条の三第三項において準用する場合を含む。）の規定により提出しなければならないものは、当該新たな意匠登録出願と同時に特許庁長官に提出されたものとみなす。

特許法第44条と同趣旨の改正である。

◆商標法第10条

（商標登録出願の分割）
第十条　（略）
２　（略）
３　第一項に規定する新たな商標登録出願をする場合には、もとの商標登録出願について提出された書面又は書類（第十三条第一項において準用する特許法第四十三条第二項（第十三条第一項において準用する同法第四十三条の三第三項において準用する場合を含む。）の規定により提出された場合には、電磁的方法により提供されたものを含む。）であつて、新たな商標登録出願について第九条第二項又は第十三条第一項において準用する同法第四十三条第一項及び第二項（これらの規定を第十三条第一項において準用する同法第四十三条の三第三項において準用する場合を含む。）の規定により提出しなければならないものは、当該新たな商標登録出願と同時に特許庁長官に提出されたものとみなす。

特許法第44条と同趣旨の改正である。

◆特許法第64条の２

（出願公開の請求）
第六十四条の二　特許出願人は、次に掲げる場合を除き、特許庁長官に、その特許出願について出願公開の請求をすることができる。
一　（略）
二　その特許出願が第四十三条第一項、第四十三条の二第一項（第四十三条の三第三項において準用する場合を含む。）又は第四十三条の三第一項若しくは第二項の規定による優先権の主張を伴う特許出願であつて、第四十三条第二項（第四十三条の二第二項（第四十三条の三第三項において準用する場合を含む。）及び第四十三条の三第三項において準用する場合を含む。）に規定する優先権証明書類等及び第四十三条第五項（第四十三条の二第二項（第四十三条の三第三項において準用する場合を含む。）及び第四十三条の三第三項において準用する場合を含む。）に規定する書面が特許庁長官に提出されていないものである場合

三　（略）

２　（略）

特許出願人は特許庁長官に対して、自己の特許出願について出願公開の請求をすることができる（特許法第64条の２第１項柱書）が、例外として当該請求をすることができない場合がある（同項第１号から第３号）。その例外の一つとして、同項第２号において、パリ条約による優先権主張がされた出願について特許法第43条第２項に規定する書類が提出されていない場合が掲げられている[5]。同項が改正され、電磁的方法を含む「優先権証明書類等」が規定されたことに伴い、第64条の２第１項第２号にこれを反映することとした。

４．施行期日及び経過措置

⑴　施行期日

改正法の公布の日から起算して９月を超えない範囲内において政令で定

５　パリ条約による優先権主張がされた出願について特許法第43条第２項に規定する書類が提出されていない場合が掲げられている理由は、優先権主張に必要な書類が提出されない以上、優先権の効果（第一国の出願日に出願されたとみなされる効果）は確定しないが、そうした不確定な状況で公開をすることは、これから出願しようとする第三者に不利益を生ずるおそれがあるためである。

める日（令和６年１月１日）から施行することとした（改正法附則第１条第２号）。

⑵　経過措置

経過措置は定めていない。

第２章　裁定における営業秘密を含む書類の閲覧制限

１．法改正の必要性

⑴　従来の制度

①　裁定制度について

裁定とは、①特許発明等が一定期間（原則３年以上）不実施の場合（特許法第83条及び実用新案法第21条）、②特許発明等が他人の特許発明、登録実用新案、登録意匠を利用する、又は特許権等が他人の意匠権等と抵触する場合（特許法第92条、実用新案法第22条及び意匠法第33条）、③公共の利益のために特に必要な場合（特許法第93条及び実用新案法第23条）に、第三者が、特許権者等に対し、通常実施権の許諾について協議を求めたにもかかわらず、協議が成立せず、又は協議をすることができないときは、経済産業大臣又は特許庁長官（以下「特許庁長官等」という。）の裁定により、特許発明等をその特許権者等の同意なく第三者が実施する権利を設定する制度である。

裁定を請求する者は、特許庁長官等へ裁定請求書を提出し、これに対し特許権者等は答弁書を提出することができる（特許法第84条）。その特許等に関し通常実施権を有する者も、裁定の請求について意見を述べることができる（同法第84条の２）。また、裁定により通常実施権が設定された後に、当該裁定の取消しを請求する者は、裁定取消請求書を提出する（同法第90条）。

これらの裁定に係る書類においては、例えば不実施による裁定請求がなされた場合、被請求人は、請求対象の特許発明等が実施されていないことについて正当な理由があることを示すべく、事業計画等に関する情報を提供することがあり、その中に、営業秘密についても記載することが想定される。

② 閲覧制度について

特許法、実用新案法、意匠法には、何人も特許等に関する書類を閲覧等することができる閲覧制度の規定があり（特許法第186条、実用新案法第55条第1項（特許法第186条の準用）及び意匠法第63条）、裁定請求書、答弁書、裁定謄本等の裁定に係る書類についても閲覧等を請求することができる。

他方で、特許法第186条第1項ただし書では、各号に掲げる書類について、特許庁長官が秘密を保持する必要があると認めるときは、その閲覧等を制限することができるとされている。

[特許法第186条第１項各号に掲げる書類]

第１号	願書、願書に添付した明細書、特許請求の範囲、図面若しくは要約書若しくは外国語書面若しくは外国語要約書面若しくは特許出願の審査に係る書類（特許権の設定の登録又は出願公開がされたものを除く。）又は第67条の５第２項の資料
第２号	判定に係る書類であつて、当事者から当該当事者の保有する営業秘密が記載された旨の申出があつたもの
第３号	拒絶査定不服審判に係る書類（当該事件に係る特許出願について特許権の設定の登録又は出願公開がされたものを除く。）
第４号	特許無効審判若しくは延長登録無効審判又はこれらの審判の確定審決に対する再審に係る書類であつて、当事者又は参加人から当該当事者又は参加人の保有する営業秘密が記載された旨の申出があつたもの
第５号	個人の名誉又は生活の平穏を害するおそれがあるもの
第６号	公の秩序又は善良の風俗を害するおそれがあるもの

また、意匠法については以下の規定がある。

［意匠法第63条第１項に掲げる書類］

第１号	願書、願書に添付した図面、写真、ひな形若しくは見本又は意匠登録出願の審査に係る書類であつて、意匠登録がされていないもの
第２号	第14条第１項の規定により秘密にすることを請求した意匠に関する書類、ひな形又は見本
第３号	判定に係る書類であつて、当事者から当該当事者の保有する営業秘密（不正競争防止法（平成５年法律第47号）第２条第６項に規定する営業秘密をいう。第５号において同じ。）が記載された旨の申出があつたもの
第４号	拒絶査定不服審判又は補正却下決定不服審判に係る書類であつて、当該事件に係る意匠登録出願について意匠登録がされていないもの
第５号	意匠登録無効審判又はその審判の確定審決に対する再審に係る書類であつて、当事者又は参加人から当該当事者又は参加人の保有する営業秘密が記載された旨の申出があつたもの
第６号	個人の名誉又は生活の平穏を害するおそれがあるもの
第７号	公の秩序又は善良の風俗を害するおそれがあるもの

⑵　改正の必要性

裁定に係る手続においては、特許発明等の実施に関する事実や計画の立証及び反証のために、営業秘密を含む企業情報や技術情報が記載された書類の提出が必要となる場合がある。これは、当事者に限らず、通常実施権者等のいずれの者からの提出書類であっても同様である。

営業秘密は、公にされることにより保護すべき利益を損なうおそれがあるが、現行法下では、裁定に係る書類については、営業秘密を含む場合であっても閲覧を制限する規定がない。そのため、営業秘密の漏えいを懸念する裁定請求人や特許権者等から必要な書類の提出が控えられ、結果として適切に裁定ができないおそれがある。

２．改正の概要

裁定に係る書類のうち営業秘密が記載された書類を、特許法第186条各号及び意匠法第63条各号に掲げる閲覧制限対象に追加し、裁定に係る書類であって、当事者、当事者以外の者であってその特許等に関し登録した権利を有するもの又は特許法第84条の２の規定により意見を述べた通常実施権者から、当該当事者等の保有する営業秘密が記載された旨の申出があったものを、特許庁長官が秘密を保持する必要があると認めるときは、閲覧等を制限できることとした。

３．改正条文の解説

◆特許法第186条

（証明等の請求）
第百八十六条　（略）
一・二　（略）
三　裁定に係る書類であつて、当事者、当事者以外の者であつてその特許に関し登録した権利を有するもの又は第八十四条の二の規定により意見を述べた通常実施権者からこれらの者の保有する営業秘密が記載された旨の申出があつたもの
四～七　（略）
２　特許庁長官は、前項第一号から第六号までに掲げる書類について、同項本文の請求を認めるときは、当該書類を提出した者に対し、その旨及びその理由を通知しなければならない
３・４　（略）

特許法第186条第１項に第３号[1]を追加し、裁定に係る書類であって、当事者、当事者以外の者であってその特許に関し登録した権利を有するもの[2]又は同法第84条の２の規定により意見を述べた通常実施権者から、当該当事者等の保有する営業秘密が記載された旨の申出があったものについては、特許庁長官が秘密を保持する必要があると認めるときは、閲覧等を制限できることを規定することとした。

◆実用新案法第55条

（特許法の準用）
第五十五条　特許法第百八十六条（証明等の請求）の規定は、実用新案登録に準用する。この場合において、同条第一項第三号中「第八十四条の二」とあるのは、「実用新案法第二十一条第三項、第二十二条第七項若しくは第二十三条第三項において準用する第八十四条の二」と読み替えるものとする。
２～５　（略）

営業秘密の閲覧制限の意義は、実用新案法と特許法とでそれぞれ異なるものではないため、実用新案法においては、改正後の特許法第186条を準用し、特許法と同様の規定とすることとした。その際、実用新案法第55条第１項における準用規定を明確にすべく、「この場合において、同条第一

1　特許法において、出願や審査は第36条、第47条から第54条に、判定は第71条に、裁定は第83条から第93条に、拒絶査定不服審判は第121条に、無効審判は第123条以降に各々規定されていることから、特許法に掲載される制度の順番に従い、裁定についての規定を第３号に追加した。

2　「当事者以外の者であってその特許に関し登録した権利を有するもの」には、質権者、当該特許権の受託者（信託法第２条第５項）、当該特許権に対する差押債権者（民事執行法第167条第１項参照）等が含まれる。

項第三号中「第八十四条の二」とあるのは、「実用新案法第二十一条第三項、第二十二条第七項若しくは第二十三条第三項において準用する第八十四条の二」と読み替えるものとする」との読替規定を追記することとした。

◆意匠法第63条

> （証明等の請求）
> 第六十三条　（略）
> 一～二　（略）
> 三　判定に係る書類であつて、当事者から当該当事者の保有する営業秘密（不正競争防止法（平成五年法律第四十七号）第二条第六項に規定する営業秘密をいう。次号及び第六号において同じ。）が記載された旨の申出があつたもの
> 四　裁定に係る書類であつて、当事者、当事者以外の者であつてその意匠登録に関し登録した権利を有するもの又は第三十三条第七項において準用する特許法第八十四条の二の規定により意見を述べた通常実施権者からこれらの者の保有する営業秘密が記載された旨の申出があつたもの
> 五～八　（略）
> 2　特許庁長官は、前項第一号から第七号までに掲げる書類、ひな形又は見本について、同項本文の請求を認めるときは、当該書類、ひな形又は見本を提出した者に対し、その旨及びその理由を通知しなければならない。
> 3・4　（略）

営業秘密の閲覧制限の意義は、意匠法と特許法とでそれぞれ異なるものではないため、意匠法においても、意匠法第63条第1項に第4号を追加し、特許法と同様の規定とすることとした。

４．施行期日及び経過措置

(1)　施行期日

改正法の公布の日から起算して３月を超えない範囲内において政令で定める日（令和５年７月３日）から施行することとした（改正法附則第１条第１号）。

(2)　経過措置

経過措置は定めていない。

第３章　国際郵便引受停止等に伴う公示送達の見直し

１．法改正の必要性

(1)　従来の制度

出願人等が日本に住所又は居所（法人にあっては、営業所）を有しない者（以下「在外者」という。）である場合、在外者への送達は、「在外者に特許管理人があるときは、その特許管理人に送達しなければならない」（特許法第192条第１項）、「在外者に特許管理人がないときは、書類を航空扱いとした書留郵便等に付して発送することができる」（同条第２項）、（航空扱いとした）「書留郵便等に付して発送したときは、発送の時に送達があったものとみなす」（同条第３項）と規定している。

そして、公示送達について、「送達を受けるべき者の住所、居所その他送達をすべき場所が知れないとき、又は前条において準用する民事訴訟法第107条第１項（第２号及び第３号を除く。）の規定により送達をすることができないときは、公示送達をすることができる」（特許法第191条第１項）と規定している。

その方法は、「官報及び特許公報に掲載するとともに特許庁の掲示場に掲示することにより行う」と規定している（同条第２項）。

(2)　改正の必要性

新型コロナウイルス感染症拡大の影響による一部の国・地域宛ての航空郵便の引受停止により、令和５年６月現在、当該国・地域の在外者に対する特許法第192条第２項の規定による書類の発送ができない状況となっているが、当該規定による発送を行うことができない場合は、同法第191条の公示送達の要件とされていないことから、送達の効力を発生させる手段がない状況が続いている。

２．改正の概要

⑴　公示送達の要件追加

公示送達について規定した特許法第191条を改正し、国際紛争や感染症の影響により現実に国際郵便の引受けが停止され、当該国に対して国際郵便の発送が行えないといった、同法第192条第２項により書類を発送することが困難な状況が６月間継続した場合を追加することとした。

なお、「６月間」について、公示送達は通常の送達ができない場合の最後の手段と考えるべきであるところ、書類を発送することが困難な状況により現に行えなかった場合に直ちに公示送達とすることは適当ではない。この点、民事訴訟法第110条第１項第４号では、外国の送達について当該国の管轄官庁に嘱託を発した後６か月経過しても送達を証する書面の送付がない場合を公示送達の要件としていることから、これも踏まえて、書類を発送することが困難な状況が「６月間」継続した場合としたものである。

⑵　公示送達の方法追加

公示送達の方法については、従来の官報掲載及び特許公報への掲載は引き続き行うこととしつつ、利便性向上の観点や同趣旨の規定がある他の法律の改正状況も踏まえ、特許法第191条第２項を改正し、特許庁の事務所内の映像面（ディスプレー）に表示したものを閲覧することができる状態に置くことを追加することとした。

３．改正条文の解説

◆特許法第191条

（送達）

第百九十一条　特許庁長官の指定する職員又は審判書記官は、次に掲げる場合には、公示送達をすることができる。

一　送達を受けるべき者の住所、居所その他送達をすべき場所が知れない場合

二　前条において準用する民事訴訟法第百七条第一項（第二号及び第三号を除く。）の規定により送達をすることができない場合

三　次条第二項の規定により書類を発送することが困難な状況が六月間継続した場合

2　公示送達は、送達する書類を送達を受けるべき者に何時でも交付すべき旨を官報及び特許公報に掲載するとともに、その旨を特許庁の掲示場に掲示し、又は特許庁の事務所に設置した電子計算機の映像面に表示したものの閲覧をすることができる状態に置くことにより行う。

3　（略）

公示送達を行うことができる場合について規定した特許法第191条第１項を改正し、同法第192条第２項により書類を発送することが困難な状況が６月間継続した場合を追加することとした。

また、特許法第191条第２項を改正し、公示送達の方法として、特許庁の事務所内の映像面（ディスプレー）に表示したものの閲覧をすることができる状態に置くことを追加することとした。

４．施行期日及び経過措置

⑴　施行期日

改正法の公布の日から起算して３月を超えない範囲内において政令で定める日（令和５年７月３日）から施行することとした（改正法附則第１条第１号）。

⑵　経過措置

◆改正法附則第３条

（特許法の一部改正に伴う経過措置）

第三条　第二条の規定（附則第一条第一号に掲げる改正規定に限る。）による改正後の特許法（以下この条において「新特許法」という。）第百九十一条第一項（実用新案法第五十五条第二項、意匠法第六十八条第五項及び商標法第七十七条第五項において準用する場合を含む。以下この項において同じ。）の規定の適用については、同号に掲げる規定の施行の日（次項において「第一号施行日」という。）前の期間については、新特許法第百九十一条第一項第三号に規定する六月の期間に算入しない。

２　新特許法第百九十一条第二項（実用新案法第五十五条第二項、意匠法第六十八条第五項及び商標法第七十七条第五項において準用する場合を含む。）の規定は、第一号施行日以後に行われる公示送達について適用し、第一号施行日前に行われた公示送達については、なお従前の例による。

第１項において、改正法の施行日以後の期間のみを改正後の特許法第191条第１項第３号に基づく公示送達の発動要件の期間として算入することとした。

また、第２項において、改正法の施行日前にした公示送達の方法については、改正後もなお従前の例によるものとした。

第４章　出願審査請求料の減免制度の見直し

１．法改正の必要性

(1)　従来の制度

貧困等、資力上の制約により、特許料等が納付できない個人の出願人や法人による発明を奨励し、産業の発達に寄与せしめるため、資力を考慮して政令で定める要件に該当する者が、特許料を納付することが困難であると認めるときは、政令で定めるところにより、特許料を軽減し、若しくは免除し､又はその納付を猶予することができる（特許法第109条）。同様に、高い潜在能力を有するものの、資金や人材的制約によって、必ずしも十全な知財活動を実施できていない者による発明を奨励するため､中小企業者、試験研究機関等その他の資力、研究開発及び技術開発を行う能力、産業の発達に対する寄与の程度等を総合的に考慮して政令で定める者に対しては、特許料を軽減し若しくは免除し、又はその納付を猶予することができる（特許法第109条の２第１項）。

同様の目的のため、政令で定める要件に該当する者及び特許法第109条の２第１項の政令で定める者に対しては、出願審査請求料を軽減し、又は免除することができる（特許法第195条の２及び第195条の２の２）。

(2)　改正の必要性

中小企業向けの減免制度を拡大した令和元年度以降、出願審査請求料について、大企業の平均的な出願審査請求件数並み、又はそれ以上の減免申請をする者が多数確認された。

このような制度利用は、資力等の制約がある者の発明奨励等という制度趣旨にそぐわず、また、減免制度の財源である特許特別会計は、収支相償の原則の下、出願人等からの手数料等の収入により運営されるものであり、一部の者が必要以上に支援制度の恩恵を受けることは、制度の公平性を欠くことから、この状態の適正化を図る必要がある。

２．改正の概要

制度趣旨にそぐわない形での減免制度利用が見られる実態を踏まえ、出願審査請求料の減免の適用件数に一部件数制限を設けることとした。

３．改正条文の解説

◆特許法第195条の２

（出願審査の請求の手数料の減免）
第百九十五条の二　特許庁長官は、自己の特許出願について出願審査の請求をする者であつて資力を考慮して政令で定める要件に該当する者が、出願審査の請求の手数料を納付することが困難であると認めるときは、政令で定めるところにより、前条第二項の規定により納付すべき出願審査の請求の手数料を軽減し、又は免除することができる。ただし、当該者のうち経済的困難その他の事由により出願審査の請求の手数料を納付することが特に困難であると認められる者として政令で定める者以外の者に対しては、政令で定める件数を限度とする。

特許法第195条の２による減免制度が、資力の乏しさの程度を考慮し、政令において、対象者ごとに異なる軽減率が設定されていることを踏まえ、同法第195条の２ただし書を追加し、特許法等関係手数料令第１条の２に定める要件に該当する者全てに一律で件数制限を設けるのではなく、件数上限を設ける対象者と、上限件数については、資力制約の程度を考慮して定めることとし、具体的内容は政令に委任することとした。

◆特許法第195条の２の２

第百九十五条の二の二　特許庁長官は、自己の特許出願について出願審査の請求をする者であつて、第百九条の二第一項の政令で定める者に対しては、政令で定めるところにより、第百九十五条第二項の規定により納付すべき出願審査の請求の手数料を軽減し、又は免除することができる。ただし、当該者のうち第百九条の二第三項に規定する試験研究機関等その他の研究開発及び技術開発を行う能力又は産業の発達に対する寄与の程度が特に高いと認められる者として政令で定める者以外の者に対しては、政令で定める件数を限度とする。

特許法第195条の２の２による減免制度についても、高い潜在能力を有しているものの資力等の制約により十全な発明活動を行えない者による発明を奨励する措置であり、減免対象者の資力や潜在能力等、産業の発達への寄与の度合いは出願人の属性によって異なることから、同法第195条の２の２ただし書を追加し、同法第109条の２第１項の政令で定める者全てに一律で件数制限を設けるのではなく、対象者と、上限件数については、研究開発能力や産業の発達に対する寄与度を考慮して定めることとし、具体的内容は政令に委任することとした。

４．施行期日及び経過措置

⑴　施行期日

改正法の公布の日から起算して１年を超えない範囲内において政令で定

める日（令和６年４月１日）から施行することとした（改正法附則第１条本文）。

⑵　経過措置

経過措置は定めていない。

第５章　意匠の新規性喪失の例外規定の適用手続の要件緩和

１．法改正の必要性

⑴　従来の制度

①　新規性喪失の例外規定について

意匠法において、意匠登録を受けることができるのは新規性を有する意匠である（意匠法第３条第１項）ことから、出願人自らが公開した場合を含め、意匠登録出願前に公開されて新規性を失った意匠は、原則として意匠登録を受けることができない。

しかし、この原則を厳格に貫くと、例えば製品の展示等により需要の予測をした場合に、新規性を喪失し意匠登録を受けることができない等、社会の実情に沿わないこととなり、かえって産業の発達に寄与するという意匠法の趣旨に反する場合もある。

このことから、意匠法第４条では、例外的に意匠登録を受ける権利を有する者の意に反して意匠の新規性を喪失した場合（同条第１項）又は意匠登録を受ける権利を有する者の行為により意匠の新規性を喪失した場合（同条第２項）に、１年以内に意匠登録出願を行えば新規性が喪失しなかったものとみなす旨を規定している。

そして、意匠法第４条第３項では、同条第２項の規定の適用を受けるための手続として、①新規性喪失の例外規定の適用を受けようとする旨を記載した書面（以下「例外適用書面」という。）を意匠登録出願と同時に特許庁長官に提出し、さらに、②意匠法第３条第１項第１号又は第２号に該当するに至った意匠が意匠法第４条第２項の規定の適用を受けることができる意匠であることを証明する書面（以下「例外適用証明書」という。）を意匠登録出願の日から30日以内に特許庁長官に提出しなければならない旨が規定されている[1]。この趣旨は、②の例外適用証明書には、個々の公開事実の公開日、公開場所等を網羅的に記載する必要があるところ、その作成準備期間を与えるものである。

意匠法第４条第２項の規定については、創作者の救済措置として必要な限度にとどめるべきとの考え方の下、例外適用書面及び例外適用証明書の提出を行った公開意匠のみが審査において拒絶理由の根拠から除外されるが、公開意匠に類似する意匠[2]の公開にはその効果は及ばない。このため、出願人が出願に係る意匠に類似する複数の意匠を出願前に公開していた場合には、出願に係る意匠と同一の意匠のみならず、それに類似する他の全ての公開意匠についても拒絶理由の根拠とならないように例外適用証明書で網羅する必要がある[3]。

公開意匠が同一であっても、意匠法第４条第２項の規定の適用を受けることができるのは、意匠登録を受ける権利を有する者による公開に限られ、他者による公開の場合は同項の適用を受けることができないため、公開行為ごとに、意匠登録を受ける権利を有する者による公開であることを示すため例外適用証明書を提出する必要がある[4]。

1　証明書の提出者がその責めに帰することができない理由により30日以内に例外適用証明書を提出できないときは、その理由がなくなった日から14日（在外者は２月）以内でその期間の経過後６月以内にその証明書を特許庁長官に提出することができるとする救済措置が規定されている（同条第４項）。

2　類似する意匠とは、色彩や細部の形状等に違いがあるバリエーションの意匠のように、物品等の機能及び用途が共通し、かつ、形状等が類似の範囲にある意匠を指す（同一の意匠である場合を除く。）。

3　例えば意匠に係る物品を「コート」とする登録意匠の無効審判の審決取消訴訟において、証明書に記載されている公開意匠と実質的に同一でない引用意匠の公開には、意匠法第４条第２項の適用を受ける余地はないと判示され、登録意匠と引用意匠は類似するものとして登録が無効となった例がある（知財高判平成30年７月19日〈平29年（行ケ）10234〉〔コート事件〕）。

②　国際意匠登録出願における新規性喪失の例外規定について

意匠の国際登録に関するハーグ協定のジュネーブ改正協定に基づく国際出願については、例外適用書面及び例外適用証明書は、国際出願と同時に世界知的所有権機関の国際事務局に提出するか、国際公表があった日後30日以内に日本国特許庁に提出することができる（意匠法第60条の７、意匠法施行規則第１条の２）。

(2)　改正の必要性

デザイン開発においては、１つのコンセプトから、色彩や細部の形状等にのみ違いのある類似する意匠が、同時期に多数創作されることが多く、類似する複数の意匠が出願前に販売等により公開される。

また、意匠は製品の外観そのものであることから必然的に創作の内容を公開することが多く、例外適用証明書を提出する必要がある公開行為となりやすい。

近年は、従前のカタログの頒布等に加えて、SNSやメタバース空間のような新たな宣伝・広告の媒体が出現しているほか、発売前の製品の断片的な情報を公開し閲覧者の興味を引くことを意図した広告手法（いわゆるティーザー広告）等、意匠の公開態様が多様化、複雑化している。

さらに、中小･スタートアップ企業等を中心に、クラウドファンディング等、意匠を公開して投資を募った上で、製品化を決定する手法等、製品開発の方法も多様化、複雑化してきており、開発過程における公開の機会も増えている。

このため、特に新たに意匠登録出願を行う中小・スタートアップ企業等の新規ユーザーにとっては、出願から30日以内に公開意匠を網羅した例外適用証明書を作成することが過大な負担となり、出願の障壁となっている。

4　実用新案を基礎とした特許に関する事例であるが、大阪地判平成29年４月20日〈平28年（ワ）298、2610〉〔ドラム式洗濯機用使い捨てフィルタ事件〕では、「権利者の行為に起因して公開された発明が複数存在するような場合には、本来、それぞれにつき同項の適用を受ける手続を行う必要がある」ことが示唆されている。

２．改正の概要

例外適用証明書の作成負担を軽減するために、例外適用証明書は自己の行為により公開された同一又は類似する意匠のうち最も早い公開日の行為によるもののいずれか１つを提出することで足りるものとした。

３．改正条文の解説

(1) 新規性喪失の例外規定の適用手続の要件緩和

◆意匠法第４条

（意匠の新規性の喪失の例外）
第四条　（略）
２　（略）
３　前項の規定の適用を受けようとする者は、その旨を記載した書面を意匠登録出願と同時に特許庁長官に提出し、かつ、第三条第一項第一号又は第二号に該当するに至つた意匠が前項の規定の適用を受けることができる意匠であることを証明する書面（以下この条及び第六十条の七において「証明書」という。）を意匠登録出願の日から三十日以内に特許庁長官に提出しなければならない。ただし、同一又は類似の意匠について第三条第一項第一号又は第二号に該当するに至る起因となつた意匠登録を受ける権利を有する者の二以上の行為があつたときは、その証明書の提出は、当該二以上の行為のうち、最先の日に行われたものの一の行為についてすれば足りる。
４　（略）

意匠法第４条において、新規性喪失の例外規定の適用を受けるためには、例外適用証明書は自己の行為により公開された同一又は類似する意匠のうち最も早い公開日の行為によるもののみ提出すれば足りることとした。また、最も早い公開日に複数の公開が行われた場合に、同日中の公開行為の先後関係を確認し、証明することは煩雑であることから、出願人の利便性を考慮し、最先の公開日の行為のうちの先後関係は問わず、いずれか１つを証明すれば足りることとした。

⑵　国際意匠登録出願における新規性喪失の例外規定の適用手続の要件緩和

◆意匠法第60条の７

> （意匠の新規性の喪失の例外の特例）
> 第六十条の七　第四条第二項の規定の適用を受けようとする国際意匠登録出願の出願人は、その旨を記載した書面及び証明書を、同条第三項本文の規定にかかわらず、国際公表があつた日後経済産業省令で定める期間内に特許庁長官に提出することができる。この場合においては、同項ただし書の規定を準用する。
> ２　（略）

国際意匠登録出願の場合は、意匠法第60条の７に定められた意匠の新規性の喪失の例外の特例規定による手続も認められることから、同規定に基づき例外適用書面や例外適用証明書を提出した場合についても、意匠法第４条第３項の規定に従い手続をした場合と同様に扱うよう規定した。

4．施行期日及び経過措置

⑴ 施行期日

改正法の公布の日から起算して９月を超えない範囲内において政令で定める日（令和６年４月１日）から施行することとした（改正法附則第１条第２号）。

⑵ 経過措置

◆改正法附則第４条

（意匠法の一部改正に伴う経過措置）

第四条　第四条の規定（附則第一条第二号に掲げる改正規定に限る。）による改正後の意匠法第四条第三項及び第六十条の七第一項の規定は、同号に掲げる規定の施行の日以後にする意匠登録出願について適用し、同日前にした意匠登録出願については、なお従前の例による。

附則第４条において、改正後の意匠法第４条第３項及び第60条の７第１項の規定は、施行日以後にした出願について適用し、施行日前にした出願については、なお従前の例による旨を規定することとした。

第6章　他人の氏名を含む商標に係る登録拒絶要件の見直し

1．法改正の必要性

(1) 従来の制度

商標法第4条第1項第8号は、商標登録出願に係る商標の構成中に他人の氏名等を含むものは、当該他人の承諾がない限り、商標登録を受けることができない旨を規定している。その趣旨は、他人の人格権（人格的利益）の保護にあるとされる[1]。

近時の裁判例[2]においては、本規定が厳格に解釈されているところ、これを受け、特許庁の審査･審判実務においても、同様の判断を行っている。具体的には、出願に係る商標や他人の氏名の知名度等にかかわらず、同姓同名の他人（他人が複数存在する場合にはその全員）の承諾が得られなければ商標登録を受けることができないものとして出願を拒絶している。

(2) 改正の必要性

近時、本規定が厳格に解釈されているところ、新興のブランドのみならず、広く一般に知られたブランドまで、同姓同名の他人が存在すれば一律に出願を拒絶せざるを得ないことから、従来の制度に対して、創業者やデザイナー等の氏名をブランド名に用いることの多いファッション業界を中心に、本規定の要件緩和の要望がある。また、中小・スタートアップ企業のブランド選択の幅を広げる観点からも、新興ブランドのデザイナーの氏

1　最判平成16年6月8日判例タイムズ1159号135頁〔LEONARD KAMHOUT事件〕

2　知財高判令和元年8月7日〔KEN KIKUCHI事件〕、知財高判令和2年7月29日〔The Soloist.事件〕

名を含む商標であっても登録を受けやすくなるよう、本規定を整備する必要がある。

さらに、米国、韓国等の諸外国では、他人の氏名について一定の知名度の要件が設けられているところ、諸外国では登録できる商標であっても、我が国では登録が困難な場合があることから、国際的な制度調和の観点からも、本規定の見直しが求められている。

2．改正の概要

商標法第４条第１項第８号を改正し、同号に規定する「他人の氏名」に一定の知名度の要件を課すとともに、一定の知名度を有しない「他人の氏名」が含まれる商標登録出願について、一律、同号の対象外としてしまうと、出願に係る商標に含まれる氏名とは無関係な者による濫用的な出願が懸念されることから、出願人側の事情を考慮する規定を設けることとした。

3．改正条文の解説

◆商標法第４条第１項第８号

（商標登録を受けることができない商標）

第四条　次に掲げる商標については、前条の規定にかかわらず、商標登録を受けることができない。

一～七　（略）

八　他人の肖像若しくは他人の氏名（商標の使用をする商品又は役務の分野において需要者の間に広く認識されている氏名に限る。）若しくは名称若しくは著名な雅号、芸名若しくは筆名若しくはこれらの著名な略称を含む商標（その他人の承諾を得ているものを除く。）又は他人の氏名を含む商標であつて、政令で定める要件

　　に該当しないもの
　九〜十九　（略）
２〜４　（略）

商標法第４条第１項第８号に規定する「他人の氏名」に一定の知名度の要件を課すこととし、同号の対象となる「他人の氏名」を、他人による商標登録により人格権侵害が生ずる蓋然性が高い、商標を使用する特定の分野の需要者の間に広く知られている氏名とした。

なお、同号に既に規定している「（他人の）雅号等」については、「著名」に相当する知名度を求めているが、「他人の氏名」の知名度を、特定の分野において需要者の間に広く知られている氏名とすることで、分野を問わず広く知られている他人の氏名についても当然に保護される（著名な他人の氏名を含む商標も拒絶の対象となる。）。

また、同号の「他人の氏名」に一定の知名度の要件のみを設けた場合、一定の知名度を有しない「他人の氏名」が含まれる商標登録出願については、一律、同号の対象外となり、拒絶事由には当たらないこととなるため、出願に係る商標に含まれる氏名とは無関係な者による濫用的な出願が懸念される。その場合、当該「他人」の人格権侵害が生ずるおそれは否定できず、一方で、濫用的な出願に係る出願人の商標登録を受ける利益を保護する必要性は乏しい。そこで、出願人側の事情を考慮する要件を課すことで、無関係な者による濫用的な出願は拒絶できるよう規定することとした。

なお、出願人側の事情を考慮する要件については、「政令で定める要件」に該当することを求めることとし、その具体的な内容については政令に委任することとした。

４．施行期日及び経過措置

⑴　施行期日

改正法の公布の日から起算して１年を超えない範囲内において政令で定める日（令和６年４月１日）から施行することとした（改正法附則第１条本文）。

⑵　経過措置

◆改正法附則第５条

（商標法の一部改正に伴う経過措置）
第五条　第五条の規定（附則第一条第二号に掲げる改正規定を除く。）による改正後の商標法第四条第一項（第八号に係る部分に限る。）及び第四項、第八条第一項、第二項及び第四項から第六項まで、第二十四条の四（第一号及び第二号に係る部分に限る。）並びに第五十二条の二第一項（第二十四条の四第一号及び第二号に係る部分に限る。）の規定は、施行日以後にする商標登録出願について適用し、施行日前にした商標登録出願については、なお従前の例による。
２　施行日前から日本国内において不正競争の目的でなく他人の登録商標（この法律の施行後の商標登録出願に係るものを含む。）に係る商標法第四条第一項第十一号に規定する指定商品若しくは指定役務又はこれらに類似する商品若しくは役務についてその登録商標又はこれに類似する商標であって他人の氏名を含むものの使用をしていた者が、施行日以後も継続してその商品又は役務についてその商標の使用をする場合は、この法律の施行の際現にその商標の使用をしてその商品又は役務に係る業務を行っている範囲内において、その商品又は役務についてその商標の使用をする権利を有する。当該業務を承継した者についても、同様とする。

3　前項の登録商標に係る商標権者又は専用使用権者は、同項の規定により商標の使用をする権利を有する者に対し、その者の業務に係る商品又は役務と自己の業務に係る商品又は役務との混同を防ぐのに適当な表示を付すべきことを請求することができる。
4　第二項の規定により商標の使用をする権利を有する者は、この法律の施行の際現にその商標がその者の業務に係る商品又は役務を表示するものとして需要者の間に広く認識されているときは、同項の規定にかかわらず、その商品又は役務についてその商標の使用をする権利を有する。当該業務を承継した者についても、同様とする。
5　第三項の規定は、前項の場合に準用する。
6　第二項から前項までの規定は、防護標章登録に基づく権利に準用する。

商標法第４条第１項第８号の改正規定は、施行日以後にした出願について適用し、施行日前にした出願については、なお従前の例による旨を規定することとした（改正法附則第５条第１項）。

また、改正法の施行日前から不正競争の目的ではなく他人の登録商標に係る指定商品等についてその登録商標又はこれに類似する商標であって他人の氏名を含むものの使用をしていた者が、施行日以後も継続してその商品等についてその商標の使用をする場合は、改正法の施行の際現にその商標の使用をして業務を行っている地理的範囲内において、継続的使用権を有することを規定することとした（改正法附則第５条第２項）。

このうち、既に需要者の間に広く認識されている商標については、当該地理的範囲にとらわれない形で継続的使用権を有することとした（改正法附則第５条第４項）。

他方で、継続的使用権により自己の商標権又は専用使用権の行使が制限される者は、継続的使用権を有する者に対し、その者の業務に係る商品等と自己の業務に係る商品等との混同を防ぐのに適当な表示を付すべきことを請求できることとした（改正法附則第５条第３項及び第５項）。

あわせて、改正法附則第５条第２項から第５項までの規定については防護標章登録に基づく権利に準用することとした（改正法附則第５条第６項）。

第７章　商標におけるコンセント制度の導入

１．法改正の必要性

(1)　従来の制度

①　商標登録を受けることができない場合

商標法第４条第１項第11号は、他人の登録商標（以下「先行登録商標」という。）又はこれに類似する商標であって、当該商標に係る指定商品若しくは指定役務又はこれらに類似するものについて商標登録出願をした場合には、商標登録を受けることができない旨を規定している。

②　同一又は類似する二以上の商標登録出願が競合した場合の扱い

商標法第８条は、同一又は類似する二以上の商標登録出願が競合する場合の扱いを規定しているところ、異なった日に二以上の商標登録出願があったときは、最先の商標登録出願人のみがその商標登録を受けることができる（同条第１項）。また、同日に二以上の商標登録出願があったときは協議により定めた一の商標登録出願人のみがその商標登録を受けることができ（同条第２項）、同項の協議が成立しないとき又は同条第４項の規定により指定した期間内に協議の結果の届出がないときは、くじにより定めた一の商標登録出願人のみが商標登録を受けることができる（同条第５項）。

③　商標権の移転に伴う混同の防止のための表示・登録取消審判の請求

商標権は、その指定商品又は指定役務が二以上あるときは、指定商品又は指定役務ごとに分割して移転することができるところ（商標法第24条の２第１項）、商標権が移転された結果、同一又は類似の関係にある商標権がそれぞれ異なる権利者に属する場合において、一方の権利者の登録商標の使用により他の権利者の業務上の利益が害されるおそれのあるときは、当該使用について両商標間における混同を防ぐのに適当な表示を付すべきことを請求することができる（同法第24条の４）。

また、一方の権利者が不正競争の目的でその登録商標の使用であって他の権利者の業務に係る商品又は役務と混同を生ずる使用をしたときは、何人もその商標登録を取り消すことについて審判を請求することができる（同法第52条の２第１項）。

(2) 改正の必要性

商標権は、一度登録されると、更新により半永久的に独占可能な権利であるところ、消費者に受け入れられ得る、限りある文字列等の中から、活用できる商標を選ぶことが徐々に難しくなる傾向にある。

そのため、我が国においては、先行登録商標と同一又は類似する商標であっても、先行登録商標の権利者の同意（コンセント）があれば、後行の商標の併存登録を認める「コンセント制度」の導入についてこれまでも議論を行ってきたところであるが、単に当事者間で合意がなされただけでは併存する類似の商標に関して需要者が商品又は役務の出所について誤認・混同するおそれ（出所混同のおそれ）を排除できない等の理由から、コンセント制度は導入されてこなかった。

しかし、中小・スタートアップ企業等による知的財産を活用した新規事業展開を後押しするためには、新規事業でのブランド選択の幅を広げる必要がある。また、諸外国・地域においては既にコンセント制度が導入されており、グローバルな包括コンセント契約[1]に基づく商標の使用が可能と

1　包括コンセント契約とは、海外展開する企業が、その商品・役務について先行して複数の国で商標権を有する他の企業との間で、複数の国で当該他の企業の商標権と併存して商標権を取得できるように包括的に承諾を得ることを指し、これにより、当該複数の国で商標の出願をする際に、その都度承諾を得る手間を簡略化するものである。

なっているところ、日本で同様の手続ができないことから、我が国の企業だけが劣後することのないよう国際的な制度調和の観点からもコンセント制度を整備する必要がある。

２．改正の概要

商標法第４条に第４項を新設し、同条第１項第11号に該当する商標であっても、先行登録商標の権利者の同意に加え、両商標の間で出所混同のおそれが生じないと認められる場合には、併存登録を認めるコンセント制度を導入することとした。

また、商標登録出願が競合した場合についての規定である同法第８条第１項、第２項、第４項及び第５項について手当てするとともに、第６項を新設し、加えて誤認混同の防止のための担保措置についての規定である同法第24条の４（混同防止表示請求）及び第52条の２第１項（不正使用取消審判）について手当てすることとした。

３．改正条文の解説

⑴　商標登録を受けることができない場合の例外の新設

◆商標法第４条第４項

（商標登録を受けることができない商標）
第四条　（略）
２・３　（略）
４　第一項第十一号に該当する商標であつても、その商標登録出願人が、商標登録を受けることについて同号の他人の承諾を得ており、かつ、当該商標の使用をする商品又は役務と同号の他人の登録商標に係る商標権者、専用使用権者又は通常使用権者の業務に係る商品又は役務との間で混同を生ずるおそれがないものについては、同号の規定は、適用しない。

商標法第４条第４項を新設し、同条第１項第11号に該当する商標であっても、先行登録商標の権利者の承諾を得ており、かつ、当該先行登録商標について登録時に指定していた商品・役務ではなく、実際に当該商標が使用されている商品・役務との間で出所混同を生ずるおそれがないものについては、同号の適用が除外される旨を規定することとした。

審査官は出所混同のおそれがないことの具体的要素として、両商標を使用する商品・役務の取引の実情（一般的・恒常的な事情に準じたもの）を考慮することとした。

（補説）最高裁判決との関係について

過去の最高裁判決[2]においては、商標法第４条第１項第11号の類否判断に際して考慮することのできる取引の実情は「一般的、恒常的」な事情に限られてきた。しかし、一般的・恒常的な事情に準じたものを考慮することで、実際には出所混同のおそれが生じないといえるものも存在し得る。

そこで、同号の類否判断の方法については維持したまま、法改正により、当事者間で、将来にわたってその事情（現在の使用状況等、当事者間の合意によりコントロールが可能な事情）を変更しない旨の合意が行われていること等により登録査定後に当該事情が変動しないことを担保できるような場合には、これを一般的・恒常的な事情に準じたものとして、同号の類否判断の枠外において考慮することが可能であると整理することとした。

2　最判昭和43年２月27日民集22巻２号399頁〔氷山印事件〕、最判昭和49年４月25日〈昭和47年（行ツ）第33号〉〔保土谷化学工業社標事件〕

(2) 同一又は類似する二以上の商標登録出願が競合した場合の扱いにおけるコンセント制度導入に伴う規定の整備

◆商標法第８条第１項、第２項及び第４項から第６項まで

（先願）
第八条　同一又は類似の商品又は役務について使用をする同一又は類似の商標について異なつた日に二以上の商標登録出願があつたときは、最先の商標登録出願人のみがその商標について商標登録を受けることができる。ただし、後の日に商標登録出願をした商標登録出願人（以下この項において「後出願人」という。）が、商標登録を受けることについて先の日に商標登録出願をした商標登録出願人（当該商標登録出願人が複数あるときは、当該複数の商標登録出願人。以下この項及び第六項において「先出願人」という。）の承諾を得ており、かつ、当該後出願人がその商標の使用をする商品又は役務と当該先出願人がその商標の使用をする商品又は役務（当該商標が商標登録された場合においては、その登録商標に係る商標権者、専用使用権者又は通常使用権者の業務に係る商品又は役務）との間で混同を生ずるおそれがないときは、当該後出願人もその商標について商標登録を受けることができる。

２　同一又は類似の商品又は役務について使用をする同一又は類似の商標について同日に二以上の商標登録出願があつたときは、商標登録出願人の協議により定めた一の商標登録出願人のみがその商標について商標登録を受けることができる。ただし、全ての商標登録出願人が、商標登録を受けることについて相互に承諾しており、かつ、それぞれの商標の使用をする商品又は役務との間で混同を生ずるおそれがないときは、当該全ての商標登録出願人がそれぞれの商標について商標登録を受けることができる。

３　（略）

4　特許庁長官は、第二項本文の場合は、相当の期間を指定して、同項本文の協議をしてその結果を届け出るべき旨を商標登録出願人に命じなければならない。

5　第二項本文の協議が成立せず、又は前項の規定により指定した期間内に同項の規定による届出がないとき（第二項ただし書に規定するときを除く。）は、特許庁長官が行う公正な方法によるくじにより定めた順位における最先の商標登録出願人のみが商標登録を受けることができる。ただし、当該くじにより定めた順位における後順位の商標登録出願人（以下この項において「後順位出願人」という。）が、商標登録を受けることについて先順位の商標登録出願人（当該商標登録出願人が複数あるときは、当該複数の商標登録出願人。以下この項及び次項において「先順位出願人」という。）の承諾を得ており、かつ、当該後順位出願人がその商標の使用をする商品又は役務と当該先順位出願人がその商標の使用をする商品又は役務（当該商標が商標登録された場合においては、その登録商標に係る商標権者、専用使用権者又は通常使用権者の業務に係る商品又は役務）との間で混同を生ずるおそれがないときは、当該後順位出願人もその商標について商標登録を受けることができる。

6　第一項ただし書又は前項ただし書の場合において、先出願人又は先順位出願人の商標が商標登録され、その登録商標に係る商標権が移転されたときは、その登録商標に係る商標権者を先出願人又は先順位出願人とみなして、これらの規定を適用する。

①　商標法第８条第１項の規定について

現行法では、異なった日に二以上の商標登録出願があったときは、最先の商標登録出願人のみがその商標登録を受けることができる旨を規定しているところ、同項にただし書を設け、本文の規定にかかわらず、後の日に商標登録出願をした商標登録出願人が、先の日に商標登録出願をした商標登録出願人の承諾を得ており、かつ、これらの出願人の商標の間で出所混同を生ずるおそれがないときは、後の日に商標登録出願をした商標登録出願人も商標登録を受けることができる旨を規定することとした。

②　商標法第８条第２項の規定について

現行法では、同日に二以上の商標登録出願があったときは、協議により定めた一の商標登録出願人のみがその商標登録を受けることができる旨を規定しているところ、同項にただし書を設け、本文の規定にかかわらず、全ての商標登録出願人が商標登録を受けることについて相互に承諾をし、かつ、全ての商標の間で出所混同を生ずるおそれがないときは、全ての商標登録出願人が商標登録を受けることができる旨を規定することとした。

③　商標法第８条第５項の規定について

現行法では、商標法第８条第２項の協議が成立しないとき又は同条第４項の規定により指定した期間内に協議の結果の届出がないときは、くじにより定めた一の商標登録出願人のみが商標登録を受けることができる旨を規定しているところ、同条第５項にただし書を設け、本文の規定にかかわらず、くじにより定めた順位における後順位の商標登録出願人が、先順位の商標登録出願人の承諾を得ており、かつ、これらの出願人の商標の間で出所混同を生ずるおそれがないときは、後順位の商標登録出願人も商標登録を受けることができる旨を規定することとした。

なお、全ての商標登録出願人が同じ序列に位置する場合におけるコンセント制度（同条第２項ただし書）とは異なり、くじにより商標登録を受けることができる出願人の順位が定まっているため、同条第１項ただし書と同様に、くじにより定めた順位における後順位の商標登録出願人が、先順位の商標登録出願人から、商標登録を受けることについて承諾を得ることとした。

④　商標法第８条第６項の規定について

商標法第８条に第６項を新設し、先の日に商標登録出願をした商標登録出願人又はくじにより定めた順位における先順位の商標登録出願人の商標が商標登録され、その登録商標に係る商標権が移転されたときは、その登録商標に係る商標権者を先の日に商標登録出願をした商標登録出願人又はくじにより定めた順位における先順位の商標登録出願人とみなして、同条第１項ただし書又は第５項ただし書の規定を適用する旨を規定することとした。

(3)　商標権の移転に伴う混同の防止のための表示・登録取消審判の請求におけるコンセント制度導入に伴う規定の整備

◆商標法第24条の４

（商標権の移転等に係る混同防止表示請求）

第二十四条の四　次に掲げる事由により、同一の商品若しくは役務について使用をする類似の登録商標又は類似の商品若しくは役務について使用をする同一若しくは類似の登録商標に係る商標権が異なつた商標権者に属することとなつた場合において、その一の登録商標に係る商標権者、専用使用権者又は通常使用権者の指定商品又は指定役務についての登録商標の使用により他の登録商標に係る商標権者又は専用使用権者の業務上の利益（当該他の登録商標の使用をしている指定商品又は指定役務に係るものに限る。）が害されるおそれのあるときは、当該他の登録商標に係る商標権者又は専用使用権者は、当該一の登録商標に係る商標権者、専用使用権者又は通常使用権者に対し、当該使用について、その者の業務に係る商品又は役務と自己の業務に係る商品又は役務との混同を防ぐのに適当な表示を付すべきことを請求することができる。

一　第四条第四項の規定により商標登録がされたこと。

二　第八条第一項ただし書、第二項ただし書又は第五項ただし書の規定により商標登録がされたこと。
三　商標登録をすべき旨の査定又は審決の謄本の送達があつた日以後に商標登録出願により生じた権利が承継されたこと。
四　商標権が移転されたこと。

商標権の移転に伴う混同防止表示請求について規定する商標法第24条の4について、コンセント制度による商標登録により複数の類似する登録商標に係る商標権がそれぞれ異なる権利者に属することとなった場合においても、一方の権利者の使用により他の権利者の業務上の利益が害されるおそれのあるときは当該使用について両商標間における混同を防ぐのに適当な表示を付すべきことを請求することができる旨を規定することとした(同条第1号及び第2号)。

あわせて、同条に基づく混同防止表示請求の対象に、アサインバック[3]に基づく商標登録により複数の類似する登録商標に係る商標権がそれぞれ異なる権利者に属することとなった場合を追加することとした（同条第3号）。

なお、上記の場合をそれぞれ同条の対象に加えるに当たって、同条の対象となる事由が複数存在することとなるため、可読性の観点から、既存の「商標権が移転された結果」（同条第4号）を含めて、新たに号を立てて規定することとした。

3　出願人と先行登録商標の権利者の名義を一時的に一致させ、拒絶理由を解消する手法。登録査定後、商標権の設定登録前までに行われる場合があり、その場合は商標権の設定登録後に権利が移転したとはいえないことから、法改正前の商標法第24条の4に基づく混同防止表示請求、第52条の2第1項に基づく不正使用取消審判請求の対象とはなっていない。

◆商標法第52条の２第１項

> **第五十二条の二**　第二十四条の四各号に掲げる事由により、同一の商品若しくは役務について使用をする類似の登録商標又は類似の商品若しくは役務について使用をする同一若しくは類似の登録商標に係る商標権が異なつた商標権者に属することとなつた場合において、その一の登録商標に係る商標権者が不正競争の目的で指定商品又は指定役務についての登録商標の使用であつて他の登録商標に係る商標権者、専用使用権者又は通常使用権者の業務に係る商品又は役務と混同を生ずるものをしたときは、何人も、その商標登録を取り消すことについて審判を請求することができる。
>
> ２　（略）

商標権の移転に伴う取消審判請求について規定する商標法第52条の２第１項について、コンセント制度による商標登録により複数の類似する登録商標に係る商標権が異なった商標権者に属することとなった場合においても、一方の権利者が不正競争の目的で他の権利者の業務に係る商品又は役務と混同を生ずる使用をしたときは、何人もその商標登録を取り消すことについて審判を請求することができる旨を規定することとした（商標法第52条の２第１項（第24条の４第１号及び第２号））。

あわせて、同法第52条の２第１項に基づく取消審判の請求の対象に、アサインバックの手法により複数の類似する登録商標に係る商標権が異なった商標権者に属することとなった場合も追加することとした（商標法第52条の２第１項（第24条の４第３号））。

なお、上記の場合をそれぞれ同法第52条の２第１項の対象に加えるに当たって、可読性の観点から、既存の「商標権が移転された結果」（商標法第52条の２第１項（第24条の４第４号））を含めて、同条各号に掲げる事由を、第52条の２第１項においても掲げる事由とすることとした。

４．他法の関連改正

◆不正競争防止法第19条第１項第３号及び同条第２項第２号

（適用除外等）
第十九条　第三条から第十五条まで、第二十一条及び第二十二条の規定は、次の各号に掲げる不正競争の区分に応じて当該各号に定める行為については、適用しない。
一・二　（略）
三　第二条第一項第一号及び第二号に掲げる不正競争　商標法第四条第四項に規定する場合において商標登録がされた結果又は同法第八条第一項ただし書、第二項ただし書若しくは第五項ただし書の規定により商標登録がされた結果、同一の商品若しくは役務について使用（同法第二条第三項に規定する使用をいう。以下この号において同じ。）をする類似の登録商標（同法第二条第五項に規定する登録商標をいう。以下この号及び次項第二号において同じ。）又は類似の商品若しくは役務について使用をする同一若しくは類似の登録商標に係る商標権が異なった商標権者に属することとなった場合において、その一の登録商標に係る商標権者、専用使用権者又は通常使用権者が不正の目的でなく当該登録商標の使用をする行為
四～十　（略）
２　前項第二号から第四号までに定める行為によって営業上の利益を侵害され、又は侵害されるおそれがある者は、次の各号に掲げる行為の区分に応じて当該各号に定める者に対し、自己の商品又は営業との混同を防ぐのに適当な表示を付すべきことを請求することができる。
一　（略）

二　前項第三号に定める行為　同号の一の登録商標に係る商標権者、専用使用権者及び通常使用権者
三　（略）

商標法を改正し、コンセント制度を導入することとしたことに伴い、不正競争防止法においては、コンセント制度により後行の商標が登録され、その後、先行登録商標又は後行登録商標が周知又は著名となった場合に、先行登録商標の権利者又は後行登録商標の権利者が不正の目的でなくその登録商標を使用する行為について、不正競争防止法に基づく差止請求等の適用除外とする規定が追加された（同法第19条第１項第３号）。

また、上記の行為によって営業上の利益を侵害され、又は侵害されるおそれがある者は、商標権者、専用使用権者及び通常使用権者に対し自己の商品又は営業との混同を防ぐのに適当な表示を付すべきことを請求することができる規定が追加された（同条第２項第２号）。

５．施行期日及び経過措置

⑴　施行期日

改正法の公布の日から起算して１年を超えない範囲内において政令で定める日（令和６年４月１日）から施行することとした（改正法附則第１条本文）。

⑵　経過措置

◆改正法附則第５条第１項

（商標法の一部改正に伴う経過措置）
第五条　第五条の規定（附則第一条第二号に掲げる改正規定を除く。）による改正後の商標法第四条第一項（第八号に係る部分に限る。）

及び第四項、第八条第一項、第二項及び第四項から第六項まで、第二十四条の四（第一号及び第二号に係る部分に限る。）並びに第五十二条の二第一項（第二十四条の四第一号及び第二号に係る部分に限る。）の規定は、施行日以後にする商標登録出願について適用し、施行日前にした商標登録出願については、なお従前の例による。
２～６　（略）

商標法第４条第４項、第８条第１項、第２項及び第４項から第６項まで、第24条の４第１号及び第２号並びに第52条の２第１項（第24条の４第１号及び第２号に係る部分に限る。）の改正規定は、施行日以後にした出願について適用し、施行日前にした出願については、なお従前の例による旨を規定することとした（改正法附則第５条第１項）。

他方で、商標権の移転により併存登録された商標については改正前後で商標法第24条の４及び第52条の２第１項の対象であることに変わりはなく（同法第24条の４第４号及び第52条の２第１項（第24条の４第４号に係る部分に限る。））、また、設定登録前のアサインバックにより併存登録された商標については、需要者の利益の保護の観点から、改正法施行時点で併存登録されているものについても同法第24条の４及び第52条の２第１項の対象とすることが適当であるため、第24条の４第３号及び第４号並びに第52条の２第１項（第24条の４第３号及び第４号に係る部分に限る。）については経過措置を設けないこととした。

なお、関連して改正された不正競争防止法第19条第１項第３号及び同条第２項第２号について経過措置は定められていない。

第８章　e-Filingによる商標の国際登録出願の手数料納付方法の見直し

１．法改正の必要性

⑴　従来の制度

①　マドリッド協定議定書に基づく国際登録出願について

「標章の国際登録に関するマドリッド協定の1989年６月27日にマドリッドで採択された議定書」（以下「マドリッド協定議定書」という。）は、自己の商標出願又は商標登録を基礎として、当該出願を受理し又は登録をした国の所管官庁（以下「本国官庁」という。）を通じて、世界知的所有権機関（WIPO）国際事務局（以下「国際事務局」という。）に願書を提出（以下「国際登録出願」という。）し、商標の国際登録がされることによって、出願人が指定した複数の締約国（指定国）に商標出願がされた場合と同一の効果を得ることを可能とする国際出願手続を定めた条約である。

国際登録出願を行う場合、基本手数料及び指定国ごとに定める手数料（以下「個別手数料」という。）に加え、本国官庁は、本国官庁で独自に徴収可能な手数料（以下「本国官庁手数料」という。）の納付を求めることができる（マドリッド協定議定書第８条）。

日本国特許庁を本国官庁として手続する場合、基本手数料及び個別手数料はスイスフランで国際事務局に納付する一方、本国官庁手数料は日本国特許庁に日本円で納付しなければならない（商標法第68条の30第１項及び第76条第１項第３号）。

日本国特許庁への本国官庁手数料の納付方法は、特許印紙、現金納付（銀行振込）、電子現金納付（Pay-easy（ペイジー）を活用したインターネット上での納付方法）、及び特許庁窓口での指定立替納付の４種類である（商標法第76条第６項関係）。

② 国際登録出願における電子出願（e-Filing）について

従来、出願人が本国官庁としての日本国特許庁に国際登録出願及び付随する手続方法は書面手続のみであったが、令和４年６月から、国際事務局の「e-Filingシステム」による電子出願が可能となった。

e-Filingシステムでは、国際事務局のサーバー上で願書の作成及び提出等が可能であるほか、国際事務局に納付すべき基本手数料及び個別手数料に加えて、本国官庁手数料も、国際事務局に対しスイスフランで一括で納付することができ[1]、納付方法も国際事務局予納口座、銀行送金、クレジットカード等の電子決済から、任意の方法を選ぶことが可能である。

(2) 改正の必要性

本国官庁手数料について現行法では、国際登録出願をする者は、実費を勘案して政令で定める手数料を納付しなければならないとされている（商標法第76条第１項第３号）。

この本国官庁手数料は、日本国特許庁に対して納付しなければならないことから、e-Filingシステムにより出願する場合であっても、同項の規定により本国官庁手数料を日本国特許庁に日本円[2]で納付する必要があるため、e-Filingシステムによる出願手続並びに基本手数料及び個別手数料の納付手続とは別に、日本国特許庁への本国官庁手数料の納付手続が必要となり、ユーザーの負担となっている。

具体的には、本国官庁手数料は、特許印紙についてはこれを貼付した納付書を、現金納付については金融機関から発行される納付済証を貼付した納付書を、電子現金納付については納付番号を記載した納付書を、それぞれ特許庁に対して郵送又は持参しなければならず、また、特許庁窓口での指定立替納付については特許庁への来訪が必要となる等、e-Filingシステムのみで

1　国際事務局が徴収した本国官庁手数料は、後日、日本国官庁に送金される。
2　商標法第76条第６項の規定により、本国官庁手数料の納付は「特許印紙をもつてしなければならない」とされていることから、日本円による納付が必要となっている。

出願に必要な手続の全てが完結するとはいえず、利便性を十分に享受できていない。

このため、国際登録出願の手続簡素化を進め、ユーザーの出願手続の負担を減らし、電子出願の利便性をより向上させるため、e-Filingシステムによる本国官庁手数料の納付を可能とする必要がある。

２．改正の概要

本国官庁手数料について、e-Filingシステムを利用して国際登録出願しようとする場合に限り国際事務局への支払を可能とするため、国際登録出願をe-Filingで行う場合は、実費を勘案して政令に定める額に相当する額を国際事務局に納付するよう改正を行うこととした。

３．改正条文の解説

◆商標法第68条の２、第68条の３及び第68条の16

（国際登録出願）
第六十八条の二　（略）
２～４　（略）
５　国際登録出願を電磁的方法（政令で定めるものを除く。）によりしようとする者は、実費を勘案して政令で定める額に相当する額を議定書第二条(1)に規定する国際事務局（以下、「国際事務局」という。）に納付しなければならない。

（商標登録出願により生じた権利の特例）
第六十八条の三　特許庁長官は、国際登録出願の願書及び必要な書面を国際事務局に送付しなければならない。

2・3　（略）

（商標登録出願により生じた権利の特例）

第六十八条の十六　国際商標登録出願についての第十三条第二項において準用する特許法第三十四条第四項の規定の適用については、同項中「相続その他の一般承継の場合を除き、特許庁長官」とあるのは、「商標法第六十八条の二第五項に規定する国際事務局」とする。

2　（略）

商標法第68条の2第5項を新設し、同条第1項による国際登録出願をe-Filingで行う場合は、実費を勘案して政令に定める額に相当する額を国際事務局に納付するよう改正を行うこととした。

また、国際登録出願の手続は、e-Filingシステムに加えて、特許庁と出願人とを接続する電子情報処理組織（インターネット出願ソフト）を利用したオンライン手続も可能となる（第10章参照）。この点、今般新設する商標法第68条の2第5項はe-Filingシステムを利用した国際登録出願のみを念頭に置いたものであることから、同項の「電磁的方法」から政令で定める方法（政令では、特許庁と出願人とを接続する電子情報処理組織による方法を規定する。）を除き、e-Filingシステムによる出願の場合のみ、国際事務局に手数料を納付することとした。

これに伴い、「国際事務局」は、新設される商標法第68条の2第5項が初出となることから、これまで定義していた同法第68条の3について所要の手当てを行うとともに、同法第68条の16第1項の「商標法第68条の3第1項に規定する国際事務局」についても、「商標法第68条の2第5項に規定する国際事務局」と改正することとした。

◆商標法第76条

（手数料）
第七十六条　次に掲げる者は、実費を勘案して制令で定める額の手数料を納付しなければならない。
　一・二　（略）
　三　第六十八条の二（第五項を除く。）の規定により特許庁長官に国際登録出願をする者
　四～十一　（略）
２～９　（略）

e-Filingシステムは、当該システムを利用して国際登録出願をしようとする場合の出願に係る各種手数料の納付しかできず、書面によりなされた国際登録出願に係る手数料の納付は行うことができない。このため、国際登録出願をする者の納付すべき手数料について規定をした商標法第76条第１項第３号から第68条の２第５項を除く改正を行い、e-Filingによる出願をする者に対しては、同法第76条第１項第３号の規定は適用しないこととした。

４．施行期日及び経過措置

⑴　施行期日

改正法の公布の日から起算して９月を超えない範囲内において政令で定める日（令和６年１月１日）から施行することとした（改正法附則第１条第２号）。

⑵　経過措置

経過措置は定めていない。

第9章　オンライン送達制度の見直し

1．法改正の必要性

⑴　従来の制度

特許法第52条（査定の方式）、第189条（送達）等において送達を要する書類について、その送達は郵便により行うことが原則であるが（同法第190条において読み替えて準用する民事訴訟法第99条第1項）、特許等関係法令の規定による通知又は命令であって経済産業省令で定めるもの（以下「特定通知等」という。）については、電子情報処理組織を使用して行うことができる（工業所有権に関する手続等の特例に関する法律（以下「特例法」という。）第5条第1項本文）。

この特定通知等について電子情報処理組織を使用して行う場合（いわゆる「オンライン送達」）は、相手方が送達を受ける意思があることを経済産業省令で定める方式による表示により確認した上で行う（特例法第5条第1項ただし書）。具体的には、これらのやり取りは、特許庁のサーバーと、相手方である出願人等がその使用するパソコンにインストールされたインターネット出願ソフト（以下「出願ソフト」という。）を通じて行われる。

また、電子情報処理組織を使用して行われた特定通知等の相手方への到達時点については、特定通知等の相手方の使用に係る電子計算機に備えられたファイルへの記録が完了した時に相手方に到達したものとみなしている（同条第3項）。

⑵　改正の必要性

オンライン送達においては、特例法第5条第3項に規定する要件を満たさない限り、すなわち、出願人等が出願ソフトを起動して自己のファイルに特定通知等により送達される書類を記録しない限り、特定通知等は到達したものとみなされず、送達の効力が発生しない。このため、特許庁では、特定通知等を特許庁のサーバーに格納してから（すなわち、出願人等が受取可能な状態になってから）、10開庁日を経過しても出願人等が特定通知等を受け取らない場合は、特定通知等の電子情報処理組織を使用した送達を断念し、特許法第190条に基づく郵便による送達に切り替える運用を行っている。

このように、現在のオンライン送達制度においては、送達の効力発生までに期間を要する場合があり、また、特定通知等を書面の形で発送することなどにより、書面管理等のコストが発生している状況である。

この点、民事訴訟法等の一部を改正する法律（令和４年法律第48号）による改正後の民事訴訟法（以下「改正民訴法」という。）において、電子情報処理組織を使用して電磁的記録を送達する制度が新たに導入され、電子情報処理組織による送達の効力発生時期については、送達を受けるべき者が閲覧した時、若しくは自己のファイルに記録した時、又は送達すべき書類の閲覧若しくは記録をすることができる措置を講じた旨の通知が発せられてから１週間を経過した時のいずれか早い時と規定された（改正民訴法第109条の３）。

特許法令では、改正民訴法で規定するような裁判所の行為から一定期間を経過した時に送達の効力が発生する旨の規定はないところ、改正民訴法と同様に、特許庁の行為から一定期間を経過した時に効力が発生する旨の規定を設けることで、オンライン送達の効力発生時期に関する不安定さを解消し、書面管理等のコストについて一層の削減を図ることとした。

２．改正の概要

改正民訴法における電子情報処理組織を使用する送達制度の導入を踏まえ、特定通知等の到達の効力発生時期について定める特例法の規定を改正し、特定通知等は、特定通知等の相手方の電子計算機に備えられたファイルへ記録された時、又は特許庁が、相手方がその使用に係る電子計算機に備えられたファイルへ記録することができる措置をとった日から10日を経過した時のいずれか早い時に、相手方に到達したものとみなすこととした。

３．改正条文の解説

(1)　オンライン送達制度の見直し

◆特例法第５条

（電子情報処理組織による特定通知等）

第五条　経済産業大臣、特許庁長官、審判長又は審査官は、特許等関係法令の規定による通知又は命令であって経済産業省令で定めるもの（以下「特定通知等」という。）については、経済産業省令で定めるところにより、電子情報処理組織を使用して行うことができる。ただし、特定通知等の相手方が電子情報処理組織を使用する方法により特定通知等を受ける旨の経済産業省令で定める方式による届出をしている場合に限る。

２　前項の場合において、当該特定通知等に関する事務を電子情報処理組織を使用して行うときは、当該事務は特許庁長官が指定する職員又は審判書記官が取り扱うものとする。

３　第一項の規定により行われた特定通知等は、次に掲げる時のいずれか早い時に、当該特定通知等の相手方に到達したものとみなす。

一　特定通知等の相手方が当該特定通知等についてその使用に係る電子計算機（特許庁の使用に係るものを除く。）に備えられたファイルへの記録をした時

二　特許庁が、前号の記録をすることができる措置をとった日から十日を経過した時

4　特定通知等の相手方がその責めに帰することができない事由によって前項第一号の記録をすることができない期間は、同項第二号の期間に算入しない。
5・6　（略）

① 電子情報処理組織を使用する方法により特定通知等を受ける旨の届出（第1項）

改正民訴法第109条の2第1項の例に倣い、電子情報処理組織を使用して行う特定通知等は、相手方が電子情報処理組織を使用する方法により特定通知等を受ける旨の届出をしている場合に行うことができる旨を特例法第5条第1項に規定することとし、届出の方式は経済産業省令で定めることとした。

② 電子情報処理組織により行われた特定通知等の到達の効力発生時期（第3項）

電子情報処理組織を使用して行う特定通知等の到達の効力発生時期に関して、特例法第5条第3項を改正し、特定通知等の相手方の電子計算機に備えられたファイルへ記録された時、又は特許庁が、相手方がその使用に係る電子計算機に備えられたファイルへ記録することができる措置をとった日から10日を経過した時のいずれか早い時に、相手方に到達したものとみなすこととした。

③ 期間の不算入（第4項）

改正民訴法第109条の3第2項の例に倣い、例えば天災や特許庁のシステムメンテナンス等により出願人等が特定通知等を受け取ることができない期間等、出願人等がその責めに帰することができない事由によって特例法第5条第3項第1号の記録をすることができない期間は、同項第2号の「十日」の期間に算入しないこととした。

⑵　電子情報処理組織を使用する方法により特定通知等を受ける旨の届出の特例

◆特例法第５条の２

> （電子情報処理組織による特定通知等を受ける旨の届出の特例）
> 第五条の二　前条第一項ただし書の規定にかかわらず、手続について委任を受けた代理人（代理を業として行う者に限る。）に対する特定通知等は、その者が同項ただし書の届出をしていない場合であっても電子情報処理組織を使用して行うことができる。

改正民訴法第109条の４の例に倣い、手続について委任を受けた代理人（代理を業として行う者に限る。）に対する特定通知等は、その者が特例法第５条第１項ただし書の届出をしていない場合であっても、電子情報処理組織を使用して行うことができることとした。

４．施行期日及び経過措置

⑴　施行期日

改正法の公布の日から起算して３年を超えない範囲内において政令で定める日から施行することとした（改正法附則第１条第３号）。

⑵　経過措置

◆改正法附則第６条第１項

> （工業所有権に関する手続等の特例に関する法律の一部改正に伴う経過措置）
> 第六条　第六条の規定（附則第一条第三号に掲げる改正規定に限る。）による改正後の工業所有権に関する手続等の特例に関する法律第五

条第一項に規定する特定通知等を受けようとする者は、同号に掲げる規定の施行の日（以下この条において「第三号施行日」という。）前においても、同項ただし書の規定の例により、届出を行うことができる。この場合において、当該届出は、第三号施行日以後は、同項ただし書の規定による届出とみなす。
2 （略）

改正後の特例法第５条第１項の規定により、電子情報処理組織による特定通知等については、同項ただし書に規定する電子情報処理組織による特定通知等を受ける旨の届出があった場合に限り、行うことができることとした。

この点、改正法施行日以後に当該届出の提出を認めることとする場合、施行日以後当該届出があるまでの期間は、オンライン送達を希望する出願人等に対しても、書面により発送をしなければならないという事態が生ずる可能性がある。

このため、特例法第５条第１項に規定する特定通知等を受けようとする者は、改正法施行日前においても、同項ただし書の例により届出を行うことができることとし、この場合において、当該届出は、改正法施行日以後、改正法に基づく届出とみなす旨の経過措置を置くこととした。

本経過措置により、オンライン送達を希望する出願人等は、改正法施行日以後に速やかに電子情報処理組織によって特定通知等を受けることが可能となる。

第10章　書面手続のデジタル化（申請）のための改正

1．改正の必要性

⑴　従来の制度

産業財産権に関する手続のペーパーレス計画を実施するため、書面手続を原則とする特許法等に対する「特例」として、特例法を平成２年に制定し、オンラインで特許等の手続を行えるようにした。そして、オンラインで可能な具体的手続（以下「特定手続」という。）は経済産業省令（特例法施行規則）において規定することとしている（特例法第３条）。

この特定手続は、特許庁のペーパーレス計画の進捗に応じて順次拡大してきており、現在は、申請件数ベースでは年間約275万件が電子的に申請されている一方で、オンライン申請できない手続（書面でのみ手続が可能な申請）が年間約20万件存在するところである。

⑵　改正の必要性

政府全体の動きに合わせ、特許手続においても、証明書等への押印義務の廃止を行い、デジタル化が行える書類が増加した。これを受けて、特許庁では、「特許庁における手続のデジタル化推進計画」を公表し（令和３年３月31日）、令和６年３月までに原則として全ての申請手続をオンラインで行えるよう、システム面等を含めた検討を進めてきた。

従来、特許庁システムでは、申請について迅速に事務手続を行う観点から、申請手続書面の電子的な方式について、高度なデータ処理を行いやすいXML形式を採用しているが、全ての申請手続のオンライン化をXML形式で実現するためには、特許庁システム上及び特許特別会計の財政上の制約があり、これまで電子的な方式で申請ができなかった書類については

PDF形式にて受け付けることとした。

この迅速な事務手続等の観点からは、特例法第8条の規定により、特許庁長官は同条に定める指定特定手続等が書面により提出されたときは、省令で定めるところにより（XML形式への変換）、特許庁のファイルへ記録（電子化）しなければならないとされている。この点、申請を上記のPDF形式にて受け付ける場合も同様に、迅速な事務手続等の観点から省令で定める方法で電子化を行う必要があるが、特例法第8条は当該電子化の対象を「書面の提出により行われたとき」と規定しているため、PDF形式で提出された場合には電子化をすることができない。

また、特許無効審判等において特許庁に送付する請求書等もPDF形式でオンライン提出が可能となるが、特許法第134条の規定による被請求人に対する無効審判請求書等の副本の送達に関しては、特許庁のシステム上、オンラインでの送達を行うことができない。そのため、当該PDFをプリントアウトした書類によって送達する（特例法第10条）こととなり、副本について電子化された形式で送達してほしいとのユーザーニーズに対応することができない。

2．改正の概要

(1) 申請書類の電子化に関する措置事項

特例法第8条第1項は、手続が「書面の提出により行われた」ときは、「当該書面に記載された事項」をファイルに記録しなければならないと規定しているため、手続がPDF形式で行われた場合も書面と同様に対応できるよう、同項を改正するとともに、第2項から第4項においても同旨の改正を行うこととした。

(2) 副本の送達に関する措置事項

無効審判の請求書や答弁書等、特許等関係法令の規定により副本の送達等が必要な書類について、電磁的方法により提供することも可能とすることとした。

3．改正条文の解説

◆特例法第８条

（書面に記載された事項のファイルへの記録等）

第八条　特許庁長官は、指定特定手続その他経済産業大臣、特許庁長官、審判長又は審査官に対する手続であって経済産業省令で定めるもの（以下「指定特定手続等」という。）が書面又は電子情報処理組織を使用する方法であって経済産業省令で定めるものにより提供された電磁的記録（電子的方式、磁気的方式その他人の知覚によっては認識することができない方式で作られる記録であって、電子計算機による情報処理の用に供されるものをいう。以下この条及び第二十四条において同じ。）により行われたときは、指定特定手続にあっては前条第一項の磁気ディスクに記録された事項を、それ以外の指定特定手続等にあっては当該書面に記載され、又は当該電磁的記録に記録された事項を、経済産業省令で定めるところにより、それぞれファイルに記録しなければならない。

2　書面又は電磁的記録により行われた指定特定手続等について前項の規定によりファイルに記録された事項は、当該書面に記載され、又は当該電磁的記録に記録された事項と同一であると推定する。

3　特許庁長官は、前項のファイルに記録された事項が同項の書面に記載され、又は同項の電磁的記録に記録された事項と同一でないことを知ったときは、直ちに当該ファイルに記録された事項を訂正しなければならない。

4　何人も、第二項のファイルに記録された事項が同項の書面に記載され、又は同項の電磁的記録に記録された事項と同一でないことを知ったときは、特許庁長官に対し、その旨を申し出ることができる。
5　（略）

特例法第８条第１項は、手続が「書面の提出により行われた」ときは、「当該書面に記載された事項」をファイルに記録しなければならないと規定しているため、手続がPDF形式で行われた場合も書面と同様に対応できるよう、「電子情報処理組織を使用する方法であって経済産業省令で定めるものにより提供された電磁的記録」により行われたときは「当該電磁的記録に記録された事項」をファイルに記録しなければならないとするよう、同項を改正するとともに、第２項から第４項においても同旨の改正を行うこととした。

◆特例法第10条

（ファイルに記録されている事項を記載した書類の送達等）
第十条　（略）
2　特許庁長官又は審判長は、手続に係る書面の副本の送達等に代えて、当該手続をする者の承諾を得て、当該書面の副本に記載すべき事項を電磁的方法（電子的方法、磁気的方法その他人の知覚によっては認識することができない方法であって、経済産業省令で定めるものをいう。第二十四条第二項第四号において同じ。）により提供することができる。この場合において、特許庁長官又は審判長は、当該書面の副本の送達等を行ったものとみなす。

無効審判の請求書や答弁書等、特許等関係法令の規定により副本の送達等が必要な書類について、電磁的方法により提供することも可能とすることとした。

具体的には、特許庁長官又は審判長は、手続に係る書面の副本の送達等に代えて、当該送達の手続を受ける者の承諾を得て、当該書面の副本に記載すべき事項を電磁的方法により提供することを可能とし、この場合において、特許庁長官又は審判長は、当該書面の副本の送達等を行ったものとみなすこととした。

４．施行期日及び経過措置

⑴　施行期日

改正法の公布の日から起算して９月を超えない範囲内において政令で定める日（令和６年１月１日）から施行することとした（改正法附則第１条第２号）。

⑵　経過措置

経過措置は定めていない。

条　文　索　引

制度改正担当者

※所属はいずれも当時のものであり、特段の表記がなければ制度審議室所属である。

【制度改正全体】

松本　将明　室長
阪本　裕子
小野　隆史
二瓶　崇司
根生　拓弥
稲葉　友太
岡本奈保実

【優先権証明書のオンライン提出のための規定整備】

正谷　俊介
佐々木大樹
小野　孝朗（審査基準室）
喜々津徳胤（同上）
吉倉　大智（同上）

【裁定における営業秘密を含む書類の閲覧制限】

野村　和史
厚田　一拓
石原　　豊
安部　　剛　※法制専門官
内野絵理香（総務課）
磯田　真美（同上）
久保田真一郎（同上）

【国際郵便引受停止等に伴う公示送達の見直し】

正谷　俊介
佐々木大樹
杉山　卓也（総務課）
高橋　智大（同上）
川添康一郎（同上）
髙橋　貫途（同上）

【出願審査請求料の減免制度の見直し】

川邊　智史（総務課）
二瓶　崇司（同上）
岩本　太一（同上）
遊部　颯太（同上）

【意匠の新規性喪失の例外規定の適用手続の要件緩和】

野村　和史
厚田　一拓
石原　　豊
安部　　剛　※法制専門官
大峰　勝士（意匠制度企画室）
中村　純典（同上）

【他人の氏名を含む商標に係る登録拒絶要件の見直し】

吉田　昌史
上山　達也
根岸　克弘（商標課）
小林　正和（商標制度企画室）
佐藤　丈晴（同上）
神前　博斗（同上）
渡邊　真梨（同上）

中内　康裕（同上）

【商標におけるコンセント制度の導入】

吉田　昌史
上山　達也
根岸　克弘（商標課）
小林　正和（商標制度企画室）
佐藤　丈晴（同上）
神前　博斗（同上）
渡邊　真梨（同上）
中内　康裕（同上）

【e-Filingによる商標の国際登録出願の手数料納付方法の見直し】

正谷　俊介
佐々木大樹
鈴木　順一（国際意匠・商標出願室）
石塚　文夫（同上）
高橋　憲治（同上）
丸山佳那子（同上）

【オンライン送達制度の見直し】

正谷　俊介
佐々木大樹
髙橋　憲夫（出願課）
矢野　剛史（同上）
小池　浩之（同上）
宮下　亜季（同上）
和知未奈子（同上）

【書面手続のデジタル化（申請）のための改正】

正谷　俊介
佐々木大樹
杉山　卓也（総務課）
高橋　智大（同上）
川添康一郎（同上）
髙橋　貫途（同上）

令和５年　特許法等の一部改正
産業財産権法の解説

2024（令和６）年２月29日　発行

編　集

特許庁総務部総務課
制度審議室

発　行　一般社団法人発明推進協会

発行所　一般社団法人発明推進協会
所在地　〒105-0001
東京都港区虎ノ門2-9-1
電　話　東京　03(3502)5433（編集）
東京　03(3502)5491（販売）
ＦＡＸ　東京　03(5512)7567（販売）

乱丁・落丁本はお取り替えいたします。

ISBN978-4-8271-1394-5　C3032

印刷：株式会社丸井工文社
Printed in Japan